Grammatischer Leitfaden des Hin

MARGOT GATZLAFF-HÄLSIG

Grammatischer Leitfaden des Hindi

HELMUT BUSKE VERLAG
HAMBURG

5., durchgesehene und mit einer
aktualisierten Einleitung versehene Auflage

Bibliographische Information Der Deutschen Bibliothek

Die Deutsche Bibliothek verzeichnet diese Publikation in der Deutschen Nationalbibliographie; detaillierte bibliographische Daten sind im Internet über ‹http://dnb.ddb.de› abrufbar. ISBN 3-87548-331-6

 – Druck: WS Druckerei, Bodenheim. Verarbeitung: Schaumann, Darmstadt. Werkdruckpapier: alterungsbeständig nach ANSI-Norm resp. DIN-ISO 9706, hergestellt aus 100% chlorfrei gebleichtem Zellstoff. Printed in Germany. *www.buske.de*

VORWORT ZUR FÜNFTEN AUFLAGE

Die Grammatik erlebt nunmehr ihre fünfte Auflage. Seit ihrem ersten Erscheinen 1967 ist sie bereits vielen an Indien interessierten Menschen eine Hilfe bei der Erschließung und Erlernung der Strukturen des Hindi, dieser bedeutenden indischen Sprache gewesen.
Leider ist es aus verschiedenen Gründen bislang noch nicht möglich, neuere Erkenntnisse auf grammatischem Gebiet, die in den vergangenen 35 Jahren gemacht wurden, in diesen Leitfaden einfließen zu lassen und ihn entsprechend zu überarbeiten. Deshalb beruht er nach wie vor auf der Auswertung russischer, indischer und englischer Veröffentlichungen, die bis etwa 1965 erschienen sind, auf den Erfahrungen, die ich während eines zweijährigen Studienaufenthaltes Anfang der 60er Jahre in Indien machen konnte, sowie auf den Erkenntnissen und Einsichten, die mir meine Lehrtätigkeit an der Universität Leipzig vermittelte. Somit enthält der Leitfaden die hauptsächlichsten grammatischen Regeln des Hindi, die zum Erlernen dieser Sprache und zu ihrem Verständnis unerläßlich sind, wenngleich einzelne Feinheiten und Besonderheiten noch nicht in ihn eingehen konnten. Mit Rücksicht auf den von vornherein begrenzten Umfang des Werkes wurde die Darstellung der historischen Entwicklung der grammatischen Kategorien ausgespart.
Für das Hindi und die ihm artverwandten neuindischen Sprachen gibt es noch keine einheitliche grammatische Terminologie in internationalem Maßstab. Deshalb war ich gezwungen, in vielen Fällen nach eigenem Ermessen den passendsten Ausdruck für die entsprechende grammatische Erscheinung auszuwählen oder zu bilden. Sofern mehrere Termini für ein und denselben grammatischen Sachverhalt vorhanden sind, wurden die wichtigsten in der Überschrift in Klammern erwähnt.
Dieser grammatische Leitfaden ist in erster Linie als Hochschullehrbuch für Orientalisten entwickelt worden. Er wird aber auch weiterhin anderen Interessenten, die sich intensiv mit Hindi befassen wollen und

die über fundierte Kenntnisse der deutschen Grammatik verfügen, von großem Nutzen sein.
Für wertvolle Hinweise und Ratschläge bei der inhaltlichen Gestaltung des Werkes möchte ich Herrn Dr. Bahadur Singh, damals an der Universität Delhi und später an der Universität Hamburg tätig, meinen herzlichen Dank aussprechen.

Frohburg, im Mai 2003 Margot Gatzlaff-Hälsig

EINLEITUNG

Das Hindi gehört zu den indoarischen Sprachen der indoeuropäischen Sprachfamilie. Es ist die wichtigste innerhalb der im Achten Anhang der indischen Verfassung von 1950 genannten fünfzehn indischen Sprachen, die im heutigen Indien am weitesten verbreitet sind und deshalb besonders gefördert werden sollen. Inzwischen wurden 1992 drei weitere Sprachen in diesen Anhang einbezogen. Nach den 1988 veröffentlichten Angaben des Allindischen Zensus von 1981 sprechen rund 264 Millionen von den damals 686 Millionen zählenden Einwohnern Indiens Hindi als Muttersprache, das sind etwa 39 Prozent der Bevölkerung und bedeutet, daß das Hindi hinsichtlich der Zahl der Sprecher nach dem Chinesischen und Englischen den dritten Platz in der Welt einnimmt.
Das Hindi und seine Dialekte sind vor allem in den Staaten Uttar Pradesh, Madhya Pradesh, Himachal Pradesh, Hariyana, Rajasthan und Bihar sowie im Territorium von Delhi zu finden. Es wurde laut Artikel 343 der indischen Verfassung zur Amtssprache der Republik Indien erklärt und übt diese Funktion bis auf weiteres zusammen mit dem Englischen aus. Als Amtssprache fungiert es auch in den oben genannten vorwiegend hindisprachigen Staaten, Rajasthan ausgenommen.
Zum Hindi gehören neben der Schriftsprache zahlreiche Dialekte, die im hindisprachigen Gebiet Nordindiens und in Südindien um Hyderabad gesprochen werden. Die Schriftsprache des Hindi entwickelte sich im Gegensatz zur Schriftsprache des Urdu, beiden liegt jedoch der in und um Delhi gesprochene Dialekt Khariboli zugrunde. Beider Umgangssprache wird Hindustani genannt, da sich die Hauptregeln der Grammatik und der Grundwortschatz entsprechen. In sehr vereinfachter Form können sich Inder auf dem gesamten Territorium der indischen Republik, besonders auf Märkten, an Pilgerstätten und in der Armee, über die notwendigsten Dinge in dieser Umgangssprache verständigen. Diese vereinfachte Form wird „Basari Hindi“ oder „Basari Hindustani“, also „Markt-Hindi“ genannt.

Der Unterschied zwischen Hindi und Urdu tritt hauptsächlich in der Schriftsprache zutage, wo das Hindi das Dew(a)nagari-Alphabet und das Urdu eine angepasste arabo-persische Schrift verwendet. Der zweite große Unterschied liegt in der unterschiedlichen Verwendung der Lexik. In Wortneubildungen und im Wortgebrauch unterscheidet sich das Hindi vom Urdu dadurch, daß es vorwiegend Sanskrit-Wörter und Sanskrit-Elemente verwendet, während das Urdu arabische und persische Entlehnungen vorzieht. Seit der Teilung Indiens 1947 in Indien und Pakistan, die mit der Erringung der Unabhängigkeit von der britischen Kolonialherrschaft verbunden war, entwickeln sich Hindi und Urdu als selbständige Sprachen, wobei das Urdu auch weiterhin in Indien vertreten und eine der bedeutendsten Sprachen dieses Landes ist.
Das Hindi ist vorwiegend eine analytische Sprache, die sich, wie die anderen neuindoarischen Sprachen auch, über die Stufen des Apabhransha und der Prakritsprachen aus dem Altindischen entwickelt hat, das zu den flektierenden Sprachen zählt. Reste dieser alten Flexionen finden sich auch noch im Hindi (मुझे „mir", „mich", करे „soll, würde, möchte machen" usw.). Kennzeichnend für das Hindi ist aber, daß sich im Laufe der Zeit hauptsächlich analytische oder periphrastische Sprachformen herausgebildet haben, deren Entwicklung zum Teil noch vor sich geht, wie z.B. die der denominativen Verbneubildungen, auch verbonominale Ausdrücke (vnA) genannt, die Herausbildung von Aktionsarten u.a.
Das Studium und die Erlernung des Hindi, einer der größten und bedeutendsten Sprachen der Welt, verdienen zweifellos eine größere Aufmerksamkeit als bisher. Einen Beitrag hierzu soll der vorliegende Leitfaden auch weiterhin leisten.

INHALTSVERZEICHNIS

VERWENDETE ABKÜRZUNGEN

A.	Arabisch	s.	siehe
adj.	adjektivisch	sg.	Singular(is)
Ai.	Altindisch	Skr.	Sanskrit
Ap.	Apabhramscha	sub.	substantivisch
bzw.	beziehungsweise	T.	Türkisch
C.o.	Casus obliquus	tr.	transitiv
C.r.	Casus rectus	u.	und
E.	Englisch	up.	unproduktiv
f.	feminin(um)	usw.	und so weiter
H.	Hindi	uv.	unveränderlich
intr.	intransitiv	v.	veränderlich
m.	maskulin(um)	V.	Vokativ
P.	Persisch	Ve.	Verb
pl.	Plural(is)	z. B.	zum Beispiel
Pr.	Prakritsprachen		

I. DIE SCHRIFT (लिपि oder **वर्णमाला**)

§ 1 Das Hindi benutzt dieselbe Schrift wie das Sanskrit—die D e w a n a g a r i - Schrift (देवनागरी वर्णमाला) oder kurz N a g a r i genannt, die zu den Silbenschriften gezählt wird. Sie besteht aus neun Vokal-, zwei Diphthong- und dreiunddreißig einfachen Konsonantenzeichen. Die Dewanagari-Schrift gehört zu den wenigen Schriftsystemen in der Welt, in denen die Schriftzeichen der Klassifizierung der Laute entsprechend angeordnet sind.

Vokale (स्वर) und **Diphthonge** (संयुक्त स्वर):

अ अ, *a*   आ, आ *ā*   इ *i*   ई *ī*   उ *u*   ऊ *ū*   ऋ *ṛ*

ए *e*   ऐ *ai*   ओ, ओ *o*   औ, औ *au*

Konsonanten (व्यंजन):

Velare (कंठ्य)	क *ka*	ख *kha*	ग *ga*	घ *gha*	ङ *ṅa*
Palatale (तालव्य)	च *ca*	छ *cha*	ज *ja*	झ, झ *jha*	ञ *ña*
Zerebrale (मूर्द्धा)	ट *ṭa*	ठ *ṭha*	ड *ḍa*	ढ *ḍha*	ण,ण *ṇa*
Dentale (दंत्य)	त *ta*	थ *tha*	द *da*	ध *dha*	न *na*
Labiale (ओष्ठ्य)	प *pa*	फ *pha*	ब *ba*	भ *bha*	म *ma*
Sonanten (अन्तस्थ)	य *ya*	र *ra*	ल *la*	व *wa*	
Zischlaute (ऊष्म)	श *śa*	ष *ṣa*	स *sa*		
Hauchlaut (ऊष्म)	ह *ha*				

§ 2 Alle Vokale haben zwei Schreibweisen. Die in § 1 aufgeführte wird nur am Wortanfang und nach vorhergehendem Vokal verwendet. Nach Konsonanten haben alle Vokale außer अ, das im Konsonanten selbst enthalten ist, folgende Schreibweise, die am Beispiel des Buchstaben क gezeigt wird:

अ *a* — keine — क *ka*	उ *u* — ु — कु *ku*	ए *e* — े — के *ke*
आ *ā* — ा — का *kā*	ऊ *ū* — ू — कू *kū*	ऐ *ai* — ै — कै *kai*
इ *i* — ि — कि *ki*	ऋ *ṛ* — ृ — कृ *kṛ*	ओ *o* — ो — को *ko*
ई *ī* — ी — की *kī*		औ *au* — ौ — कौ *kau*

Von dieser Regel weichen nur die Vokale उ und ऊ nach dem Konsonanten र ab, mit dem sie folgendermaßen geschrieben werden: रु *ru* und रू *rū*.

§ 3 Für nasalierte Vokale wird das Zeichen Anunasik (अनुनासिक) verwendet, das direkt über oder rechts vom Vokalzeichen geschrieben wird, z.B.:

आँ *ā̃* — राँ *rā̃*, ईँ *ī̃* — बीँ *bī̃*, ओँ *õ* — जोँ *jõ*, ऐँ *aĩ* — हैँ *haĩ* usw.

§ 4 Wenn vor einem Konsonanten ein Nasallaut steht, kann dieser Nasallaut, sonst als Ligatur mit dem Konsonanten zusammengeschrieben (s. § 11), auch als Punkt über dem vorhergehenden Vokal geschrieben werden. Dieses Zeichen heißt Anuswar (अनुस्वार). Es kann leicht mit Anunasik verwechselt werden, da dieses oft ebenfalls nur als Punkt geschrieben wird:

अंग *aṅg*, इंच *iñc*, कंठ *kaṇṭh*, सिंध *sindh*, लैंप *laimp*

§ 5 Selten ist das Zeichen Wisarga (विसर्ग), das einen Hauchlaut nach Vokalen angibt und ausschließlich in Sanskritwörtern vorkommt:

दु:ख *du:kh*, क: *ka:*

§ 6 Zu den Konsonanten gehören noch fünf Laute, die aus dem Arabischen über das Persische ins Hindi eingedrungen sind. Für sie werden Dewanagari-Zeichen mit einem Punkt darunter verwendet, der manchmal auch weggelassen wird. Dies sind:

क़ *qa*, ख़ *xa*, ग़ *ġa*, ज़ *za* *und* फ़ *fa*

§ 7 Die Zerebrallaute ड *ḍa* und ढ *ḍha* haben noch eine Variante, wenn sie zwischen zwei Vokalen stehen. In der Schreibweise wird diese durch einen Punkt unter dem Buchstaben bezeichnet:

ड़ *ṛa* und ढ़ *ṛha*

§ 8 Wenn zwei oder drei Konsonanten aufeinandertreffen, werden die Buchstaben zu einer Ligatur (संयुक्त व्यंजन) zusammengezogen. Dies geschieht auf folgende Art und Weise:

a) Die Buchstaben werden untereinander gesetzt: क्क *kka*, ट्ट *ṭṭa*

b) Die Buchstaben werden hintereinander geschrieben:

ब्द *bda*, ह्य *hya*, क्य *kya*

c) Der zweite Buchstabe wird in den ersten hineingesetzt:

प्र *pra*, त्त *tta*

d) Die Schreibweise beider Buchstaben verändert sich völlig:

क्ष *kṣa*, ज्ञ *jña*

§ 9 Die Ligaturen können sich nochmals mit einfachen Buchstaben zusammensetzen: क्ष्म *kṣma*

§ 10 Folgt nach dem र ein Konsonant, so wird das *r* als Häkchen rechts über den Konsonanten gesetzt. Dieses Zeichen heißt Reph (रेफ), z. B.: धर्म *dharm*ᵃ, मूर्त्ति *mūrtti*

§ 11 Folgende Ligaturen sind im Hindi gebräuchlich:

क्क *kka*, क्त *kta*, क्य *kya*, क्र *kra*, क्ल *kla*, क्व *kwa*, क्ष, क्ष *kṣa*,
क्ष्म *kṣma*, क्स *ksa*
ख्य *khya*
ग्ध *gdha*, ग्न *gna*, ग्म *gma*, ग्य *gya*, ग्र *gra*, ग्ल *gla*, ग्व *gwa*
घ्न *ghna*, घ्य *ghya*, घ्र *ghra*
ङ्क *ṅka*, ङ्ख *ṅkha*, ङ्ग *ṅga*, ङ्घ *ṅgha*
च्च, च्च *cca*, च्छ *ccha*, च्म *cma*, च्य *cya*
छ्र *chra*
ज्ज, ज्ज *jja*, ज्झ *jjha*, ज्ञ *jña*, ज्म *jma*, ज्य *jya*, ज्र *jra*, ज्व *jwa*
ञ्च *ñca*, ञ्छ *ñcha*, ञ्ज *ñja*, ञ्झ *ñjha*
ट्क *ṭka*, ट्ट *ṭṭa*, ट्ठ *ṭṭha*, ट्य *ṭya*
ठ्य *ṭhya*
ड्ग *ḍga*, ड्ड *ḍḍa*, ड्ढ *ḍḍha*, ड्य *ḍya*, ड्र *ḍra*
ण्ट, ण्ट *ṇṭa*, ण्ठ, ण्ठ *ṇṭha*, ण्ड, ण्ड *ṇḍa*, ण्ढ, ण्ढ *ṇḍha*, ण्य *ṇya*
त्क *tka*, त्त *tta*, त्त्य *ttya*, त्त्र *ttra*, त्त्व *ttwa*, त्थ *ttha*, त्न *tna*,
त्प *tpa*, त्फ *tpha*, त्म *tma*, त्य *tya*, त्र *tra*, त्व *twa*, त्स *tsa*, त्स्य *tsya*
थ्य *thya*
द्ग *dga*, द्द *dda*, द्ध *ddha*, द्न *dna*, द्भ *dbha*, द्म *dma*, द्य *dya*,
द्र *dra*, द्व *dwa*
ध्न *dhna*, ध्म *dhma*, ध्य *dhya*, ध्र *dhra*, ध्व *dhwa*
न्त *nta*, न्थ *ntha*, न्द *nda*, न्ध *ndha*, न्न *nna*, न्फ *npha*, न्म *nma*
न्य *nya*, न्र *nra*, न्व *nwa*, न्स *nsa*
प्त *pta*, प्न *pna*, प्प *ppa*, प्फ *ppha*, प्म *pma*, प्य *pya*, प्र *pra*, प्ल *pla*,
प्व *pwa*, प्स *psa*
ब्ज *bja*, ब्द *bda*, ब्ध *bdha*, ब्ब *bba*, ब्भ *bbha*, ब्य *bya*, ब्र *bra*
भ्य *bhya*, भ्र *bhra*, भ्व *bhwa*
म्न *mna*, म्प *mpa*, म्म *mma*, म्य *mya*, म्र *mra*, म्ल *mla*, म्व *mwa*,
म्स *msa*, म्ह *mha*

य्य *yya*, य्र *yra*, य्व *ywa*
र्क *rka*, र्ख *rkha*, र्ग *rga*, र्घ *rgha* usw.
ल्क *lka*, ल्द *lda*, ल्प *lpa*, ल्ब *lba*, ल्म *lma*, ल्य *lya*, ल्ल *lla*, ल्व *lwa*, ल्ह *lha*
व्य *wya*, व्र *wra*, व्व, व्व *wwa*
श्च *śca*, श्न *śna*, श्य *śya*, श्र *śra*, श्ल *śla*, श्व *śwa*, श्श *śśa*
ष्क *ṣka*, ष्ट *ṣṭa*, ष्ठ *ṣṭha*, ष्ण *ṣṇa*, ष्प *ṣpa*, ष्म *ṣma*, ष्य *ṣya*, ष्व *ṣwa*
स्क *ska* , स्त *sta*, स्त्र *stra*, स्थ *stha*, स्न *sna*, स्प *spa*, स्फ *spha*, स्म *sma*, स्य *sya*, स्र *sra*, स्व *swa*, स्स *ssa*
ह्म *hma*, ह्य *hya*, ह्र *hra*, ह्ल *hla*, ह्व *hwa*

§ 12 Wenn es nicht möglich ist,. die Konsonantengruppen in Ligaturen zu schreiben, wird der erste Konsonant mit dem Zeichen Wiram (विराम) versehen, das anzeigt, daß auf den Konsonanten kein Vokal folgt, z. B.:

क् *k*, ट्क *ṭka*, ड्म *ḍma*, त्स *tsa* usw.

II. DIE PHONETIK (वर्ण–विचार)

A. Die Vokale (स्वर)

§ 13 Im Hindi gibt es lange (दीर्घ) und kurze (ह्रस्व) Vokale, die in der Aussprache und Schreibweise streng voneinander unterschieden werden. Die kurzen Vokale werden sehr kurz, fast abgehackt ausgesprochen, während die langen stark gedehnt gesprochen werden. Untereinander unterscheiden sich die Vokale durch die Zungenhöhe, die Stellung der Lippen und den Bildungsort, d. h. ob vorn im Mund oder weiter hinten gesprochen. Deshalb werden sie auch nach vorderer, mittlerer und hinterer Lage eingeteilt.

Zunge	flache Lippenstellung		runde Lippenstellung
	vordere Lage (अग्र)	mittlere Lage (मध्य)	hintere Lage (पश्च)
sehr hoch	*ī* *i*		*ū* *u*
mittelmäßig hoch	*e* *ai*		*o* *au*
flach oder tief	*a*	*ā*	

§ 14 *ī* ist ein gespannter langer Vokal, bei dessen Aussprache die Lippen breitgezogen werden. Die Zungenspitze liegt an den unteren Zähnen, während der Mittelteil der Zunge vorn an den harten Gaumen anstößt. Dieser Vokal ähnelt in seiner Aussprache dem langen deutschen „i" in „ihm", „Biene" usw.: तीन „drei", बीस „zwanzig", वीर „Held".

§ 15 *i* ist der entsprechende kurze Laut zum langen *ī*. Qualitativ unterscheidet er sich von ihm noch dadurch, daß bei seiner Aussprache eine etwas größere Spalte zwischen Zungenrücken und hartem

Gaumen zum Luftdurchlassen gebildet wird. Er ähnelt dem deutschen „i“ in „Rinde“, „in“: सिर „Kopf“, दिन „Tag“.

§ 16 *e* ist ein langer (ein kurzes *ĕ* gibt es im Hindi nicht, *a* vor *h* ausgenommen), gespannter Laut, der mit breitgezogenen Lippen ausgesprochen wird. Der Mittelteil des Zungenrückens ist nach oben gebogen, aber weniger hoch als beim *i*. Die Zungenspitze liegt an den unteren Zähnen. Dieser Laut entspricht ungefähr dem deutschen „e“ in „Weg“, „leer“, „schwer“: देश „Land“, मेज़ „Tisch“, लेना „nehmen“.

§ 17 *ai* ist ein langer, gespannter Diphthong, der mit breitgezogenen Lippen gesprochen wird. Die Zunge ist nach vorn gezogen, ihre Spitze stößt an die unteren Zähne. Der mittlere Teil des Zungenrückens ist weniger nach oben gebogen als beim *e*. Dieser Laut steht seiner Aussprache nach zwischen *a* und *e*. Er entspricht nicht dem deutschen „ai“ oder „ei“ in „Hain“, „Reigen“: है „ist“, बैल „Büffel“, ऐश „Luxus“.

§ 18 *a* ist ein kurzer Vokal, der mit breitgezogenen Lippen ausgesprochen wird. Die Zunge liegt fast flach im Mund mit ihrer Spitze an den unteren Zähnen. Die Unterlippe hängt etwas nach unten. Wenn das *a* unter Betonung steht, gleicht es dem deutschen „a“ in „Kamm“, „Assel“: कल „gestern“, कब? „wann?“, कम „wenig“. Unbetont jedoch wird es häufig mehr oder weniger reduziert (s. §§ 26—28).

Vor *h* wird *a* wie ein kurzes *ĕ* ausgesprochen: यह *yĕh* „dieser“, रहना *rĕhnā* „bleiben“, शहर *śĕhar* „Stadt“.

§ 19 *ā* ist ein langer, gespannter Vokal, der ähnlich dem kurzen *a*, nur länger und gespannter ausgesprochen wird. Er ähnelt dem langen deutschen „a“ in „Saal“, „aber“, „lahm“, „Rat“: काम „Arbeit“, भार „Last“, „Bürde“, तार „Draht“.

§ 20 *au* ist ein langer Diphthong, der mit gerundeten Lippen ausgesprochen wird. Der hintere Teil der Zunge ist leicht nach oben gewölbt, die Zungenspitze hängt herab und stößt an die unteren Zähne. Dieser Diphthong steht zwischen den Vokalen *a* und *o*. Er ähnelt dem englischen [ɔ:] in „ball“ [bɔ:l] und unterscheidet sich von ihm dadurch, daß die Zunge weniger nach hinten gezogen wird: कौन? „wer?“, औरत „Frau“, फ़ौज „Armee“.

§ 21 *o* ist ein langer, gespannter Vokal (ein kurzes *o* gibt es nur in वह *woh* "er"), der mit gerundeten, etwas nach vorn geschobenen Lippen ausgesprochen wird. Die Zunge wird nach hinten gezogen, der hintere Teil des Zungenrückens ist nach oben gewölbt, aber weniger hoch als beim *u* und *ū*. Er entspricht ungefähr dem deutschen „o“ in „holen“, „oder“: सोना „Gold“, लोहा „Eisen“.

§ 22 *u* ist ein kurzer Vokal, der mit gerundeten, etwas nach vorn geschobenen Lippen ausgesprochen wird. Die Zunge ist nach hinten gezogen, ihr hinterer Rückenteil ist hoch nach oben gewölbt und ihre Spitze hängt nach unten. Er ähnelt dem deutschen „u“ in „unter“, „muß“, „Schuld“: दुम „Schwanz“, कुरसी „Stuhl“.

§ 23 *ū* ist ein langer, gespannter Vokal, der mit gerundeten Lippen ausgesprochen wird. Er entspricht in seiner Aussprache dem kurzen *u*, nur wird er lang gesprochen und die Zunge ist höher gewölbt. Er gleicht dem deutschen langen „u“ in „rufen“, „suchen“: पूरा „voll“, दूर „weit“, लू „heißer Wind“.

§ 24 *ṛ* ist ein silbisches r, das ausgesprochen fast wie „ri“ klingt. Es ähnelt dem deutschen silbischen „r“ der unbetonten Endsilben in Wörtern wie „Bäcker“, „Esser“, „Retter“: ऋतु „Jahreszeit“, कृषि „Landwirtschaft“, मृग „Antilope“.

1. Die Nasalisation

§ 25 Alle oben aufgeführten Laute sind rein und nicht nasaliert. Im Hindi kommen alle diese Vokale, *ṙ* ausgenommen, auch nasaliert vor, d. h., das Gaumensegel wird bei ihrer Aussprache gesenkt, so daß ein Teil des Luftstromes durch die Nase ziehen kann. Sie entsprechen den französischen nasalierten Vokalen wie z. B. [ã:] in „langue“ [lã:g]: हैं *hãī* „sind“, गुँधना *gũdhnā* „geflochten sein“, डाँड़ *ḍā̃ṛ* "Stock“.

2. Die Reduktion des kurzen *a*

Der kurze Vokal *a* wird in bestimmten phonetischen Stellungen mehr oder weniger reduziert.

§ 26 Er wird voll, unreduziert gesprochen:

a) am Wortanfang: अर्धा *ardhā* „halb“, अदब *adab* „Höflichkeit“;

b) in einsilbigen Wörtern: न *na* „nicht“, छ *cha* „sechs“;

c) in der ersten Silbe eines Wortes: सवाल *sawāl* „Frage“;
d) wenn die letzte Silbe aus einem Konsonanten und einem reduzierten oder halb reduzierten *a* besteht, wird er in der vorletzten Silbe nicht reduziert: दीमक *dīmak'* „Ameise“, नमक *namak'* „Salz“;
e) in Wortsilben, in denen auf das kurze *a* ein Doppelkonsonant oder eine Konsonantengruppe folgt: सम्पत्ति *sampatti* „Eigentum“.

§ 27 Der Vokal *a* wird vollständig reduziert:
a) am Wortende, wenn vor ihm ein einzelner Konsonant steht: दिन *din'* „Tag“, रात *rāt'* „Nacht“, हर *har'* „jeder“;
b) am Ende eines Wortes, wenn ihm eine Konsonantengruppe vorausgeht, die einen Nasal enthält: घमंड *ghamaṇḍ'* „Überheblichkeit“, बन्द *band'* „geschlossen“, अंक *aṅk'* „Nummer“;
c) vor Silben, die einen unreduzierten Vokal enthalten (ausgenommen sind diejenigen, auf die die Regeln in § 26 angewendet werden können): निकला *nik'lā* „ausgegangen“, समझना *samajh'nā* „verstehen“, अवसर *aw'sar'* „Gelegenheit“.

§ 28 Der Vokal *a* wird leicht oder halb reduziert:
am Ende eines Wortes, wenn ihm eine Konsonantengruppe, die keinen Nasal enthält, oder der palatale Engelaut *y* vorausgehen: पत्र *patr*ᵃ “Blatt”, “Brief”, मार्ग *mārg*ᵃ “Weg”, सूक्ष्म *sūkṣm*ᵃ “klein”, “fein”, राष्ट्रीय *rāstrīy*ᵃ “national”, “staatlich”.

B. Die Konsonanten (व्यंजन)

Im Hindi gibt es stimmhafte (सघोष) und stimmlose (अघोष) Konsonanten sowie mehrere Sonanten (s. Tabelle I). Die Konsonanten teilen sich nochmals in unaspirierte (nicht behauchte) und aspirierte (behauchte).

1. Unaspirierte Konsonanten (अल्पप्राण व्यंजन)

§ 29 *p* und *b* sind bilabiale Verschlußlaute. *p* ist stimmlos und *b* stimmhaft. Sie gleichen den deutschen Lauten „*p*“ und „b“, nur mit dem Unterschied, daß *p* unaspiriert auszusprechen ist: पोता „Enkel“, पर „auf“, बोलना „sprechen“, बच्चा „Kind“.

§ 30 Zu ihnen gehört der bilabiale Nasal *m*, der dem deutschen „m“ völlig gleicht: मान „Maß“, मानव „Mensch“.

§ 31 *f* ist ein stimmloser labiodentaler Engelaut, der sich nicht vom deutschen „f“ unterscheidet: बर्फ़ „Schnee“, „Eis“, फ़ौरन „schnell“.

§ 32 *w* ist ein stimmhafter bilabialer Engelaut, der sich vom deutschen „w“ dadurch unterscheidet, daß mit beiden Lippen (und nicht wie im Deutschen mit Unterlippe und Oberzähnen) eine schmale Öffnung gebildet wird, durch die der Luftstrom gepreßt wird: वर्दी „Uniform“, वस्त्र „Stoff“, „Kleidung“.

§ 33 *t* und *d* sind alveolare Verschlußlaute, bei denen die Zungenspitze an die unteren Zähne gepreßt wird, im Gegensatz zum Deutschen, wo sie an den oberen Zähnen liegt. *t* ist stimmlos und *d* stimmhaft. *t* unterscheidet sich vom deutschen „t“ dadurch, daß es unaspiriert gesprochen wird: ताप „Wärme“, तुलना „Vergleich“, दाँत „Zahn“, दौर „Fahrt“.

§ 34 Zu *t* und *d* gehört der alveolare Nasal *n*, der sich vom deutschen „n“ ebenfalls durch die Lage der Zungenspitze an den unteren Zähnen unterscheidet: नाक „Nase“, निगाह „Blick“.

§ 35 *s* und *z* sind dentalveolare Engelaute. *s* ist stimmlos und entspricht dem deutschen „s“ in „essen“, „was“, „Maß“: साफ़ „sauber“, साला „Schuft“.
z ist stimmhaft und entspricht dem deutschen „s“ in „singen“, „summen“, „langsam“: ज़बान „Zunge“, मज़ा „Geschmack“.

§ 36 *ś* und *ṣ* werden im Hindi in ihrer Aussprache nicht mehr unterschieden. Sie werden genau wie der deutsche stimmlose präpalatale Engelaut „sch“ ausgesprochen: शक्ति „Kraft“, शासन „Macht“, शोषण „Ausbeutung“, षड्यंत्र “Verschwörung“.

§ 37 *l* ist ein stimmhafter alveolarer Lateral-Engelaut, der sich vom deutschen „l“ kaum unterscheidet: लौटना „zurückkehren“, काल „Zeit“.

§ 38 *r* ist ein stimmhafter alveolarer Schwinglaut, der dem deutschen Zungen-r gleicht: रोटी „Brot“, मरना „sterben“, राय „Meinung“.

§ 39 *k* und *g* sind velare Verschlußlaute. *k* ist stimmlos und *g* stimmhaft. *k* unterscheidet sich vom deutschen „k“ dadurch, daß es nie behaucht gesprochen wird. Im übrigen gleichen *k* und *g* den deutschen „k“ und „g“: काम „Arbeit“, नाक „Nase“, गरम „warm“, नाग „Schlange“.

§ 40 Zu *k* und *g* gehört der velare Nasal *ṅ*, der nur in Verbindung mit *k* und *g* und deren aspirierten Varianten vorkommt, so daß sich seine Aussprache unwillkürlich durch die Vorbereitung auf das Aussprechen von *k*, *g* usw. ergibt: इंगित „Geste", अंग „Teil".

§ 41 *ṭ* und *ḍ* sind kakuminale (zerebrale) Verschlußlaute, die im Deutschen nicht von den dentalen (s. § 33) unterschieden werden. *ṭ* ist stimmlos und *ḍ* stimmhaft. Bei ihrer Bildung wird der Vorderteil der Zunge so nach oben gehoben, daß sich die Zungenspitze hinter den oberen Zähnen auf den vorderen Gaumen legt und sich im Zungenrücken hinter der Zungenspitze eine Einbuchtung bildet: टूटना „reißen", टाँग „Bein", डर „Angst", डब्बा „Schachtel".

§ 42 Zu *ṭ* und *ḍ* gehört der kakuminale (zerebrale) Nasal *ṇ*, dessen Bildung den anderen Kakuminallauten entspricht, nur daß bei seiner Aussprache ein Teil des Luftstromes durch die Nase geht: कारण „Grund", „Ursache", ऋण „Kredit".

§ 43 *ṛ* ist ebenfalls ein Kakuminallaut, der genau wie die oben beschriebenen gebildet wird. Bei ihm bildet sich jedoch kein Verschluß wie bei den anderen, sondern die Zungenspitze schlägt mehrere Male schnell hintereinander an den vorderen Gaumen. Es ist ein Schwinglaut: जोड़ना „vereinigen", मेड़ „Wall".

§ 44 *c* und *j* sind palatale Affrikaten. *c* ist stimmlos und *j* stimmhaft. Bei ihrer Bildung hängt die Zungenspitze frei nach unten, während der mittlere Zungenteil an den vorderen Gaumen hinter den oberen Zähnen gepreßt wird. Das so dem Luftstrom entgegengesetzte Hindernis öffnet sich langsamer als bei den Verschlußlauten *p*, *b*, *t*, *d*, usw.: चलना ,sich bewegen", रचना „Schaffen", जूता „Schuh", राजा „Fürst".

§ 45 *ñ* ist der Nasallaut in der Gruppe der palatalen Konsonanten, der genau wie *ṅ* allein nicht vorkommt, sondern nur in Verbindung mit den palatalen Affrikaten: रंच „klein", „winzig", कुंजी „Schlüssel".

§ 46 *y* ist ein palataler Engelaut, der dem deutschen „j" in „Jagd", „Boje" entspricht: आया „Amme", युद्ध „Krieg".

§ 47 *q* ist ein stimmloser uvularer Verschlußlaut, bei dessen Aussprache das Zäpfchen an den hinteren Zungenteil gepreßt wird. Es klingt wie ein sehr dumpfes „k". Häufig wird er auch wie *k* ausgesprochen, da er kein indischer Laut ist: क़ौम „Nation", क़िला "Festung".

§ 48 *x* ist ebenfalls kein indischer Laut. *x* ist ein stimmloser uvularer Engelaut, der dem deutschen „ch“ in „Bach“, „kochen“, „Nacht“ ähnelt. Der Unterschied besteht darin, daß das Zäpfchen an den hinteren Zungenteil und nicht wie im Deutschen der hintere Zungenteil an den weichen Gaumen gepreßt wird. Oft wird er wie *kh* (s. § 51) ausgesprochen: ख़त „Dach“, बुख़ार „Fieber“.

§ 49 *ġ* ist ein uvularer Schwinglaut, der dem deutschen Zäpfchen-r entspricht. Häufig wird er im Hindi wie *g* ausgesprochen, da er kein indischer Laut ist: ग़रीब „arm“, बाग़ „Garten“.

§ 50 *h* ist ein Öffnungslaut, der dem gesprochenen deutschen „h“ in „gehen“, „Habe“, entspricht: हमारा „unser“, निहार „Nebel“, „Tau“.

2. Aspirierte Konsonanten (महाप्राण व्यंजन)

§ 51 Mehrere der oben aufgeführten Konsonanten haben aspirierte Varianten, d. h., sie werden genau so gebildet wie die entsprechenden unaspirierten Laute, nur wird ihre Aussprache durch ein kräftiges, geräuschvolles Ausatmen begleitet. Aspirierte Varianten haben:

क *ka* — ख *kha*	ट *ṭa* — ठ *ṭha*	त *ta* — थ *tha*
ग *ga* — घ *gha*	ड *ḍa* — ढ *ḍha*	द *da* — ध *dha*
च *ca* — छ *cha*	ड़ *ṛa* — ढ़ *ṛha*	प *pa* — फ *pha*
ज *ja* — झ *jha*		ब *ba* — भ *bha*

3. Doppelkonsonanten

§ 52 Im Hindi werden Konsonanten durch Verdoppelung verlängert. Sie werden dann nicht wie im Deutschen in „retten“, „bellen“ usw. kurz ausgesprochen, sondern im Gegenteil lang. Diese verlängerten Konsonanten werden durch Ligaturen gekennzeichnet und sind zusammengezogen auszusprechen: पत्ता *pattā* „Blatt“, पक्का *pakkā* „reif“. Von ihnen unterscheiden sich gleichlautende Konsonanten, die nebeneinander stehen. Diese müssen stets einzeln ausgesprochen werden, z. B.: बनना *ban'nā* „gemacht werden“, रोककर *rok'kar* „angehalten habend“.

C. Die Silbe

§ 53 Die Silbengrenze verläuft vor einzelnen Konsonanten, die so vom Vokal der vorhergehenden Silbe getrennt werden:

पता *pa-tā* „Adresse“, मालूम *mā-lū-m'* „bekannt“.

§ 54 Reduzierte Vokale gelten als silbenbildend:
समझना *sa-ma-jh'-nā* „verstehen", पटसन *pa-t'-sa-n'* „Jute".

§ 55 Konsonantengruppen und lange (Doppel-) Konsonanten werden in zwei Teile geteilt, wobei die Silbengrenze stets hinter dem ersten Konsonanten verläuft: सिद्धि *sid-dhi* „Vollendung", पत्र *pat-r*[a] „Brief", अस्त्र *as-tr*[a] „Waffe".

§ 56 Silben, die auf einen kurzen Vokal auslauten oder nur aus einem kurzen Vokal bestehen, sind kurz (d.h. kurze Silben sind stets offen): अपकरण *a-p'-ka-ra-ṇ'* „schlechtes Benehmen", मदद *ma-da-d'* „Hilfe".

§ 57 Silben, die auf einen langen Vokal auslauten, nur aus einem langen Vokal bestehen, oder einen kurzen Vokal enthalten, aber auf einen Konsonanten auslauten (also geschlossene Silben mit kurzem Vokal), sind lang: बालू *bā-lū* „Sand", इक्का *ik-kā* „Ikka" (zweirädriger Wagen), आना *ā-nā* „kommen".

§ 58 Silben, die auf einen Konsonanten auslauten und einen langen Vokal enthalten, sind überlang und werden als anderthalblange Silben bezeichnet. Sie kommen sehr selten vor: रास्ता *rās-tā* „Weg".

D. Die Wortbetonung (बल)

Die Betonung im Hindi ist schwach dynamisch und kann auf verschiedene Wortsilben fallen. Sie wird bestimmt durch die phonetische Zusammensetzung des Wortes, durch die Anzahl der Silben und durch die Anordnung von kurzen und langen Silben.

§ 59 In zweisilbigen Wörtern fällt die Betonung in der Regel auf die erste Silbe: काला *ˈkā-lā* „schwarz", वस्त्र *ˈwas-tr*[a] „Kleidung". Ausnahmen:

a) Zweisilbige Verbstämme, die auf -आ oder -ओ auslauten (dazu gehören auch die Kausativstämme) und in zusammengesetzten Verbbildungen auftreten, sowie die mit ihnen lautlich zusammenfallenden Absolutive und Formen des Imperativs derselben Verben werden auf der zweiten Silbe betont: दिला *di-ˈlā* „laß geben!", पिरो *pi-ˈro* „auffädeln".

b) Bei den Adverbien यहाँ „hier", वहाँ „dort", तहाँ „dort", कहाँ? „wo?", जहाँ „wo", यहीं „gerade hier", वहीं „gerade dort", कहीं „irgendwo" und der Verneinungspartikel नहीं „nicht" wird die zweite Silbe betont: *ya-ˈhā̃, wa-ˈhā̃, ta-ˈhā̃*, usw.

§ 60 Wenn in einem mehrsilbigen Wort die vorletzte Silbe lang ist, dann fällt die Betonung auf diese Silbe: प्रयत्न *pra-ˈyat-n*[a] „Versuch", आकाश *ā-ˈkā-ś'* „Himmel", राष्ट्रीय *rāṣ-ˈṭrī-y*[a] „national".

§ 61 Wenn die vorletzte Silbe kurz, die drittletzte aber lang ist, dann fällt die Betonung auf die drittletzte: आदमी *ˈā-d'-mī* „Mensch", समागम *sa-ˈmā-ga-m'* „Ankunft".

§ 62 Wenn die vorletzte und die drittletzte Silbe kurz sind, die letzte aber lang, dann fällt die Betonung in der Regel auf die drittletzte Silbe: निकलना *ni-ˈka-l'-nā* „herauskommen", पटरी *ˈpa-ṭ'-rī* „Schiene".

Ausnahmen:

a) Bei Wörtern, in denen die Wurzeln durch Wiederholungen gebildet werden, fällt die Betonung auf die viertletzte (meist erste) Silbe des Wortes und auf die vorletzte Silbe eine Nebenbetonung: सरसरी *ˈsa-r'-ˌsa-rī* „oberflächlich", चटपटा *ˈca-ṭ'-ˌpa-ṭā* „schnell".

b) Sanskritwörter mit dem Suffix -ता (wenn alle anderen Silben kurz sind) tragen die Betonung auf der ersten Silbe: निकटता *ˈni-ka-ṭ'-tā* „Nähe".

c) Dreisilbige Verbstämme auf -आ tragen die Betonung auf der letzten Silbe, ebenso ihre phonetisch mit ihnen übereinstimmenden Absolutive und Imperativformen: मिचला *mi-c'-ˈlā* „Brechreiz haben".

§ 63 Wenn die drei letzten Silben kurz sind, fällt die Betonung auf die viertletzte (meist erste) Silbe: अचकन *ˈa-c'-ka-n'* „Jackett", अटकल *ˈa-ṭ'-ka-l'* „Rätsel".

§ 64 In zusammengesetzten Wörtern behält jedes Wort seine Betonung. Gewöhnlich wird die Betonung der letzten Komponente zur Hauptbetonung des Wortkompositums: विचार-धारा *wi-ˌcā-r'—ˈdhā-rā* „Ideologie", निरुक्ति-शास्त्री *ni-ˌruk-ti—ˈśās-trī* „Linguist".

§ 65 Wörter, die mit Hilfe von eigenbetonten Suffixen gebildet werden wie -हारा, -हार, -दार, -कार, -वाला, -वान, kommen phonetisch gesehen zusammengesetzten Wörtern gleich. Sie behalten ihre Betonung bei, die in der Regel die Hauptbetonung im Wortkompositum ist: सुननेवाला *ˌsu-n'-ne—ˈwā-lā* „Zuhörer", चायदान *ˌcā-y'—ˈdā-n'* „Teekessel", तहसीलदार *tĕ-h'-ˌsī-l'—ˈdā-r'* „Steuereinnehmer".

§ 66 Wenn einem Wort ein Präfix vorgesetzt wird, dann behält das Wort gewöhnlich die Betonung, die es ohne Vorsilbe hatte: लिपि ˈ*li-pi* „Schrift" — अनुलिपि *a-nu-ˈli-pi* „Unterschrift", करण ˈ*ka-ra-ṇ'* „Instrument" — उपकरण *u-pa-ˈka-ra-ṇ'* „Inventar", „Einrichtung".

III. DIE REGELN DER LAUTVERBINDUNG (SANDHIREGELN)

Bei der Bildung von zusammengesetzten Wörtern und bei der Anfügung von Suffixen oder Präfixen an einfache Wörter gehen die Endbuchstaben der vorhergehenden Komponente und die Anfangsbuchstaben der folgenden Komponente Verbindungen ein, die gewisse Veränderungen mit sich bringen. Diese Regeln gelten für alle aus dem Sanskrit stammenden Wörter und auch für Neubildungen im Hindi, die auf der Basis von Entlehnungen aus dem Sanskrit geschaffen werden. Bemerkt werden muß jedoch, daß im Hindi eine sich verstärkende Tendenz zur Umgehung dieser Regeln besteht.

A. Die Regeln für Vokale

§ 67 Wenn Vokal auf Vokal stößt, gelten folgende Regeln:
Gleiche Vokale:

अ oder आ mit अ oder आ = आ: विद्या „Wissen" mit आलय „Haus" = विद्यालय „Institut"

इ oder ई mit इ oder ई = ई: क्षिति „Erde" mit ईश „Herr" = क्षितीश „Kaiser"

उ oder ऊ mit उ oder ऊ = ऊ: भानु „Sonne" mit उदय „Aufgang" = भानूदय „Sonnenaufgang"

Ungleiche Vokale:

अ oder आ mit इ oder ई = ए: महा „groß" mit इन्द्र „Indra" = महेन्द्र „der große Indra"

अ oder आ mit उ oder ऊ = ओ: चन्द्र „Mond" mit उदय „Aufgang" = चन्द्रोदय „Mondaufgang"

अ oder आ mit ऋ = अर् : सप्त „sieben" mit ऋषि „Weiser" = सप्तर्षि „der große Bär" (Sternbild)

अ oder आ mit ए oder ऐ = ऐ : मत „Meinung" mit ऐक्य „Einheit" = मतैक्य „Einmütigkeit"

अ oder आ mit ओ oder औ = औ : महा „groß" mit ओज „Licht" = महौज „großes Licht"

इ und ई werden vor jedem anderen Vokal zu य्, z. B.:

इ oder ई mit आ = या : इति „so" mit आदि „Anfang" = इत्यादि „usw."

इ oder ई mit उ = यु : प्रति „gegen" mit उत्तर „Antwort" = प्रत्युत्तर „Erwiderung"

इ oder ई mit ए = ये : प्रति „gegen" mit एक „ein" = प्रत्येक „jeder"

उ und ऊ werden vor jedem anderen Vokal zu व्, z. B.:

उ oder ऊ mit आ = वा : सु „sehr" mit आगत „Kommen" = स्वागत „Willkommen"

उ oder ऊ mit ई = वी : अनु „nach" mit ईक्षण „Sehen", „Auge" = अन्वीक्षण „Untersuchung"

ऋ wird vor anderen Vokalen zu र्, z. B.:

ऋ mit अ = र : पितृ „Vater" mit अनुमति „Einverständnis" = पित्रनुमति „Einverständnis des Vaters"

ऋ mit आ = रा : मातृ „Mutter" mit आनन्द „Freude" = मात्रानन्द „Mutterfreude"

ए wird vor anderen Vokalen zu अय्, ऐ zu आय्, ओ zu अव् und औ zu आव्:

ने (Verbstamm von der Wurzel नी) „führen" mit dem Suffix -अन = नयन „Auge"

जे (Verbstamm) "siegen" mit dem Suffix अ = जय "Sieg"

प्रस्तौ (Vorsilbe प्र mit dem Verbstamm der Wurzel स्तु) „preisen" mit dem Suffix -अना = प्रस्तावना „Vorwort", „Prolog".

B. Die Regeln für Konsonanten

§ 68 a) Stimmlose Konsonanten werden vor stimmhaften Konsonanten und Vokalen stimmhaft:

सत् „gut“ mit इच्छा „Wunsch“ = सदिच्छा „guter Wunsch“
अप् „Wasser“ mit ज „geboren“ = अब्ज „im Wasser geboren“, „Lotos“

b) Stimmhafte Konsonanten werden vor stimmlosen Konsonanten stimmlos:

उद् „oben“, „außen“, „weg“ mit तुल „wiegen“ = उत्तोलन “Abwiegen“

c) Aspirierte Konsonanten verlieren vor anderen Konsonanten ihre Aspiration:

क्षुध् „Hunger“ mit पिपासा „Durst“ = क्षुत्पिपासा „Hunger und Durst“

d) त und द gleichen sich an nachfolgende च, छ, ज, झ, ल und न an. Vor nachfolgendem म werden sie zu न:

उद् „oben“, „außen“, „weg“ mit चारण „Sprechen“ = उच्चारण „Aussprache“
विपद् „Unglück“ mit जाल „Netz“ = विपज्जाल „Unglücksnetz“
उद् „oben“ mit छेद „Zerstörung“ = उच्छेद „völlige Vernichtung“
तद् „jenes“ mit लीन „gelöst“ = तल्लीन „versunken“
उद् „oben“ mit मूल „Wurzel“ = उन्मूल „Ausrottung“

e) त und द verbinden sich mit श zu च्छ:

उद् „oben“ mit शुल्क „Zoll“, „Steuer“ = उच्छुल्क „zollfrei“
विधुत „Elektrizität“ mit शक्ति „Kraft“ = विद्युच्छक्ति „Elektroenergie“

f) स bzw. Wisarga vor Konsonanten und Vokalen:

Vor Vokalen und stimmhaften Konsonanten werden अः (hervorgegangen aus अर्) zu अर्, इः (इस्) zu इर् und उः (उस्) zu उर्:

पुनः „wieder“ mit उक्ति „Rede“ = पुनरुक्ति „Wiederholung“
निस् „ohne“ mit दल „Partei“ = निर्दल „unparteiisch, neutral“
धनुस् „Bogen“ mit धारी „haltend“ = धनुर्धारी „Bogenschütze“

Vor श und स werden sie zu श, manchmal bleiben sie vor स:

निस् „ohne“ mit शुल्क „Bezahlung“ = निश्शुल्क „unentgeltlich“
दुस् (दुः) „schlecht“ mit साहस „Mut“ = दुस्साहस (दुःसाहस) „Frechheit“

Vor stimmlosen Palatalen werden sie zu श:

दुस् „schlecht“ mit चरित्र „Charakter“ = दुश्चरित्र „schlechtes Benehmen“

Vor stimmlosen Dentalen bleibt स:

निस् „ohne" mit तत्त्व „Sinn" = निस्तत्त्व „inhaltslos", „leer"

g) Vor क, ख, प und फ werden इस् und उस् zu इष् und उष्, während अस् (अः, अर्) unverändert bleibt:

निस् „ohne" mit कलंक „Fleck" = निष्कलंक „unbefleckt"

दुस् „schlecht" mit काल „Zeit" = दुष्काल „schwere Zeit", „Hungersnot"

अन्तः, अन्तर् „innen" mit प्रकृति „Natur" = अन्तःप्रकृति „Seele"

Die Endung अस् wird vor stimmhaften Konsonanten und अ zu ओ, wobei das nachfolgende अ ausfällt:

मनस् „Seele", „Verstand" mit बल „Kraft" = मनोबल „innere Kraft", „Kraft der Seele"

मनस् „Seele", „Verstand" mit अनुकूल „entsprechend" = मनोनुकूल „gefallend"

h) Vor Suffixen, die mit त beginnen, verändern sich die Endlaute von Wortstämmen folgendermaßen:

च und ज werden zu क:

वच् „sprechen" mit dem Suffix -ता = वक्ता „Redner"

भज् „teilen" + Vorsilbe वि- mit dem Suffix -त = विभक्त „geteilt"

श und ष, manchmal auch ज verwandeln sich mit त zu ष्ट:

दृश् „sehen" mit -ति = दृष्टि „Blick"

दुष् „verderben" mit -त = दुष्ट „schlecht", „gräßlich"

Ein stimmhafter, aspirierter Konsonant verwandelt sich vor त in den entsprechenden unaspirierten Konsonanten, während त zu ध wird:

युध „kämpfen" mit -ता = योद्धा „Kämpfer"

क्षुभ् „sich aufregen" mit -त = क्षुब्ध „erregt"

ह् mit त wird entweder zु ग्ध oder ढ (ढ़):

मुह् „bewußtlos werden", „blöde werden" mit -त = मुग्ध „blöde", „naiv"

रुह् „wachsen" mit -ति = रूढ़ि „Wuchs", „Tradition"

i) Die Zerebralisierung des न:

Das dentale न wird zum zerebralen ण, wenn es vor Vokalen oder den Sonanten म, य und व steht und ein ऋ, र oder ष vorausgeht, das durch Vokale, velare oder labiale Konsonanten oder auch durch य und ह् von ihm getrennt sein kann:

पूर्ण „voll", प्रमाण „Beweis", कारण „Grund", रामायण „Ramajana", ब्राह्मण „Brahmane", कृपण „geizig", तृष्णा „Durst".

C. Der Ablaut der Vokale (ध्वनि–परिवर्त्तन)

§ 69 In folgender Weise verändern sich Wurzelvokale bei der Bildung von Wörtern aus den entsprechenden Wurzeln und die Vokale der ersten Silbe bei sekundärer Wortbildung. Diese Umlautstufen treten vor allem bei Wortbildungen aus dem Sanskrit auf:

Nullstufe	Gunastufe (गुण)	Wriddhistufe (वृद्धि)
अ, आ	अ, आ	आ
इ, ई	ए	ऐ
उ, ऊ	ओ	औ
ऋ	अर	आर

Beispiele:

Nullstufe	Gunastufe	Wriddhistufe
स्वतंत्र „frei"	—	स्वातंत्र्य „Freiheit"
इतिहास „Geschichte"	—	ऐतिहासिक „geschichtlich"
चित्त „Verstand"	सचेत „bewußt"	—
—	सेना „Armee"	सैनिक „Soldat"
उद्योग „Industrie"	—	औद्योगिक „industriell"
उपयुक्त „passend"	उपयोग „Anwendung", „Eignung"	—
बुद्ध „Buddha"	—	बौद्ध „buddhistisch"
गुरु „wichtig"	—	गौरव „Wichtigkeit"
—	लोक „Welt"	लौकिक „weltlich"
मृत्यु „Tod"	अमर „unsterblich"	मारी „Pest"

§ 70 In Hindiwörtern kann beim Antritt eines Suffixes auch eine qualitative Kürzung des Stammvokals auftreten, wobei ए zu इ, ओ zu उ, ई zu इ, ऊ zu उ, आ zu अ oder इ werden, z. B.:

सोना „schlafen" — सुलाना „einschläfern"
सीना „nähen" — सिलाना „nähen lassen" — सिलाई „Näherei"
खाना „essen" — खिलाना „zu essen geben", „füttern"

IV. DIE LEXIK (शब्दभंडार)

§ 71 Der Wortschatz des Hindi ist außerordentlich reichhaltig, da er aus vielen anderen Sprachen schöpft. Kennzeichnend für ihn ist, daß er gegenwärtig eine Etappe verstärkter Entwicklung durchmacht, in der viele neue Wörter gebildet werden, um die vor allem auf den Gebieten der Technik, der Gesellschaft, der Wissenschaften usw. fehlenden Termini zu schaffen.

§ 72 Dem Wortbestand des modernen Hindi gehören verschiedene Wortgruppen an:

a) Die Grundlage bilden die Wörter, die sich über die mittelindische Stufe (Prakrit und Apabhramscha) aus altindischen Wörtern entwickelt haben:

अक्षि (Ai.) — आँख (H.) „Auge" आत्मन् (Ai.) — आप (H.) „selbst"
भ्रातृ (Ai.) — भाई (H.) „Bruder" अद्य (Ai.) — आज (H.) „heute".

Hierhin gehören auch die ältesten Entlehnungen aus den Sprachen der vorarischen Bevölkerung Indiens.

b) Eine weitere große Gruppe bilden die aus dem Persischen und Arabischen entlehnten Wörter. Einige wenige stammen aus dem Türkischen. Die arabischen sind hauptsächlich über das Persische ins Hindi eingedrungen, da das Persische einige Jahrhunderte lang Staatssprache der Moghulkaiser und Literatursprache der indischen Mohammedaner war:

P.: बादशाह „Padischah", सरकार „Herr", „Regierung", बीमार „krank"
A.: मालूम „bekannt", तरह „Art und Weise", इन्तज़ार „Erwartung"
T.: तोप "Kanone", तमग़ा „Medaille", „Abzeichen", क़ैंची „Schere".

c) Einen unerschöpflichen Fond für Entlehnungen und Neubildungen im Hindi stellt schon seit vielen Jahrhunderten das Sanskrit dar. Heute gewinnt es noch an Bedeutung durch die Anstrengungen, die zur Schaffung einer neuen gesellschaftlich-politischen und wissenschaftlichen Terminologie unternommen werden. Außerdem zielen puristische Tendenzen darauf hin, arabische, persische und europäische Entlehnungen durch Sanskritwörter zu ersetzen. Zu solchen Neubildungen gehören:

सह:अस्तित्व „Koexistenz“, स्वास्थ्यगृह „Sanatorium“,
अणु – बिजलीघर „Atomkraftwerk“, नि:शस्त्रीकरण „Abrüstung“.

Frühere Entlehnungen aus dem Sanskrit haben Varianten gebildet, in denen ihre Aussprache und Rechtschreibung teilweise verändert ist: कारज neben कार्य (Skr.) „Sache“, जोगी neben योगी (Skr.) „Asket“, अगिन neben अग्नि (Skr.) „Feuer“.

d) Bei den Entlehnungen aus europäischen Sprachen überwiegen die aus dem Englischen. Es gibt noch einige vor längerer Zeit aus dem Portugiesischen entlehnte Wörter wie:

नीलाम “Auktion”, बालटी “Eimer”, फ़ीता “Band”, कमरा „Zimmer“,
पादरी „Geistlicher“, आया „Amme“, इस्पात „Stahl“
sowie einige französische:
कारतूस „Patrone“, बारूश „Brosche“, लाम „Reihe“

In geringer Anzahl gibt es holländische, malaiische, griechische und neuerdings auch russische Entlehnungen.
Hauptsächlich werden englische Wörter für alle Erscheinungen der Wirtschaft, Gegenstände des europäischen Lebens sowie für gesellschaftliche, politische und naturwissenschaftliche Termini verwendet. Im Gespräch gebrauchen die Inder, die eine englische Bildung besitzen, viele englische Wörter. In der Schriftsprache jedoch werden sie meist nur dann verwendet, wenn es für diese Wörter keine allgemein gebräuchlichen Hindisynonyme gibt, die aber besonders für die Termini der Technik, der Naturwissenschaften usw. fehlen, so daß das Hindi immer wieder auf das Englische zurückgreifen muß:

टैक्सी „Taxi“, बैंक „Bank“, टाई „Schlips“, फ़ोटो „Foto“, रेलवे „Eisenbahn“, सिनेमा „Kino“, मोटर „Motor“, „Automobil“, कांफ़्रेंस „Konferenz“, पार्टी „Partei“.

§ 73 Nach der traditionellen indischen Klassifizierung der Wörter und wortbildenden Morpheme teilt man die Wörter ihrer Herkunft nach folgendermaßen ein:
a) Die Gruppe तत्सम („ihm ähnlich“) enthält Sanskritwörter, die un-

verändert im Hindi verwendet werden oder auf der Basis von Sanskritentlehnungen im Hindi neu gebildet wurden:

देश „Land“, स्थिति „Lage“, उन्नतिशील „fortschrittlich“.

b) अर्धतत्सम („halbtatsama“) sind Sanskritwörter, deren Rechtschreibung der Aussprache in der Umgangssprache folgt, die aber nicht über die mittelindischen Sprachen ins Hindi gekommen sind. Sie stehen zwischen den Tatsama- und den Tadbhawawörtern: कर्म (Skr.) — कार्य (H.) „Tun“, „Handeln“.

c) तद्भव („von ihm herstammend“) sind Wörter, die sich gesetzmäßig aus den altindischen über die Stufe der mittelindischen entwikkelt haben und die den Hauptbestand des Hindiwortschatzes ausmachen:

हस्तः (Skr.) „Hand“ > हत्थो (Pr.) > हत्थु (Ap.) > हाथ (H.)
निद्रा (Skr.) „Schlaf“ > निद्दा (Pr.) > नीन्द (H.)

d) देशी „(einheimisch“) sind Lehnwörter aus den nichtindoeuropäischen Sprachen Indiens, aus den drawidischen und den Mundasprachen:

पिल्लू „Würmchen“, ठेस „leichter Stoß“, तेंदुआ „Panther“

e) विदेशी („ausländisch“) sind Wörter außerindischer Herkunft, die hauptsächlich aus dem Persischen, Arabischen und Englischen stammen (s. § 72, b) und d):

A.: मिज़ाज „Befinden“, शराब „ Wein“, हवा „Luft“
P.: दिल „Herz“, मज़दूर „Arbeiter“, ज़मीन „Erde“, „Boden“
E.: अफ़सर „Offizier“, टिकट „Fahrkarte“, जेल „Gefängnis“

f) Hierzu fügt man gewöhnlich noch die द्विज („zweimalgeboren“) hinzu, die Hybride darstellen, wie:

कारटूनिगार (E.-P.) „Karikaturist“, टैंकची (E.-T.) „Panzersoldat“.

g) Einige Autoren geben noch die Gruppe der अनुकरणवाचक शब्द („Nachahmungswörter“) an, die lautnachahmend sind:

फड़फड़ „pfui!“, घुटघुट „Schluck“, खटकना „klopfen“

h) Als letzte Gruppe sind noch die Lehnübersetzungen zu nennen, die meist aus dem Englischen stammen:

neorealism (E.): नववास्तववाद „Neorealismus“, point of view (E.): दृष्टिकोण „Gesichtspunkt“, well-wisher (E.): शुभचिन्तक „Gönner“.

V. DIE WORTBILDUNG (रूपविचार, रूपांतर, व्युत्पत्ति)

§ 74 Da die Wortbildung im Hindi auf den Wortbestand von drei anderen Sprachen — Sanskrit, Englisch und Persisch — zurückgreifen kann, haben sich in ihr Elemente dieser Sprachen mit den dem Hindi eigenen Elementen zu einem System vermischt. Hieraus erklärt sich auch die Bildung und Verwendung vieler synonymer Wörter und Formantien.

§ 75 Die Wortbildung im Hindi geht auf verschiedene Art und Weise vor sich. Die Bildung neuer Wörter durch Vorsetzen von Präfixen ist im Hindi weniger gebräuchlich als im Deutschen. Die Präfigierung spielt nur noch eine Rolle bei der Bildung von Substantiven und Adjektiven, auf die sich im wesentlichen auch die Wortbildung durch Suffigierung beschränkt. Neue Verben entstehen hauptsächlich durch Infixe (die Kausative, s. §§ 320—332) und durch Zusammensetzung von Verbformen (s. §§ 343—365). Bei der Neubildung von Verben hat auch die syntaktische Methode einen bedeutenden Anteil, bei der Nomen (Substantive, Adjektive und Adverbien) mit bestimmten Verben eine engere Verbindung eingehen (s. §§ 333—342). Die Bildung von Aktionsarten geht im Hindi nur durch das Zusammensetzen zweier Verbformen vor sich. Weit verbreitet ist auch die Methode des Zusammensetzens von Wörtern und die Wiederholung gleicher oder synonymer Wörter, die dem Ausdruck bestimmter lexikalischer Bedeutungen dient.

A. Wortzusammensetzungen (संयुक्त शब्द, समास)

§ 76 Die Zusammensetzung von Wörtern ist im Hindi eine weitverbreitete Art der Wortbildung. Teilweise entstammen die Wortzusammensetzungen dem Sanskrit oder dem Persischen, aber auch die

Bildung neuer zusammengesetzter Wörter nimmt keinen geringen Platz im Hindi ein. Man kennt vier Arten von Wortzusammensetzungen:

1. koordinierte Wortzusammensetzungen,
2. subordinierte Wortzusammensetzungen,
3. possessive Wortzusammensetzungen und
4. zusammengesetzte Adverbien.

§ 77 Am häufigsten sind die Wortzusammensetzungen, die aus zwei Komponenten bestehen. Seltener findet man aus drei Komponenten zusammengesetzte Wörter, wie z. B.: पन – बिजली – घर „Elektrizitätswerk".

Meist tritt der erste Teil des zusammengesetzten Wortes im Stamm oder im Casus obliquus (s. §§ 126 ff.) auf:

छापे – मार „Partisan" (छापा „Überfall" + मारना „schlagen"),
नफ़े – बाज़ी „Profitjagd" (नफ़ा „Profit" + बाज़ी „Jagd", „Spiel").

Häufig kommt es auch vor, daß die langen Vokale der Stammsilbe des ersten Wortes verkürzt werden:

पन – चक्की „Wassermühle" (पान „Wasser" + चक्की „Mühle"),
घुड़ – दौड़ „Pferderennen" (घोड़ा „Pferd" + दौड़ „Lauf").

1. Koordinierte Wortzusammensetzungen (द्वन्द्व)

§ 78 Bei den koordinierten Wortzusammensetzungen vereinigen sich die Komponenten gleichberechtigt zu einem neuen Wort. Zwischen beiden könnte das Bindewort „und" stehen, z. B.:

भाई – बहिन „Geschwister" („Bruder und Schwester")
माँ – बाप „Eltern" („Mutter und Vater")
लेन – देन „Handel" („Nehmen und Geben")
आना – जाना „Kreisen", „Zirkulieren" („Ein- und Ausgehen")
प्रश्नोत्तर „Debatte" („Frage und Antwort")

2. Subordinierte Wortzusammensetzungen (तत्पुरुष)

Bei den subordinierten Wortzusammensetzungen ordnet sich die erste Komponente der zweiten unter, sie bestimmt diese näher. Die gesamte Zusammensetzung gehört zu der Wortart, der die zweite Komponente angehört. Innerhalb der subordinierten Wortzusammensetzungen werden wiederum vier Gruppen unterschieden:

§ 79 Die erste Gruppe bilden die eigentlichen subordinierten oder Tatpuruschwörter, bei denen die erste Komponente ein Substantiv ist und als Objekt oder adverbiale Bestimmung zur zweiten fungiert. Diese Art der Wortzusammensetzung ist im Hindi am produktivsten: सुरक्षामंडल „Sicherheitsrat“, कामबाढ़ „Steigerung der Arbeitsproduktivität“, पानीसप्लाई „Wasserversorgung“, विश्वबाज़ार „Weltmarkt“.

§ 80 Die zweite Gruppe bilden die Wörter Karmadharay (कर्मधारय), bei denen die erste Komponente stets ein Adjektiv ist und als Attribut zur zweiten Komponente, die von einem Substantiv gebildet wird, fungiert. Dieser Typ ist weniger produktiv: नीलवसन „blaue Kleidung“, बदबू „Gestank“, ख़ुशबू „Duft“, महामरी „Epidemie“, प्रधानमंत्री „Ministerpräsident“.

§ 81 Innerhalb der subordinierten Wortzusammensetzungen heben sich diejenigen hervor, deren zweite Komponente ein Verbstamm oder ein von einem Verb abgeleitetes Nomen ist. Sie werden Upapadsamas (उपपदसमास) genannt: चिड़ीमार „Vogelfänger“, पतझड़ „Laubfall“, जेबकट , जेबकट्र „Taschendieb“, मुँहतोड़ „vernichtend“, दूरबीन „Fernglas“, अकालपीड़ित „vom Hunger gequält“.

§ 82 Man unterscheidet noch die Gruppe der Dwiguwörter (द्वीगु). Diese bestehen aus einem Numerale und einem Substantiv. Das Numerale ist dem Substantiv untergeordnet und bestimmt es gleichsam wie ein Attribut: त्रिकाल „drei Zeiten“, पंचपात्र „fünf Blätter“, दोपहर „Nachmittag“, पंचशील „fünf Prinzipien“ चौराहा „Straßenkreuzung“, एकाधिकार „Monopol“.

3. Possessive Wortzusammensetzungen (बहुव्रीहि)

§ 83 Die possessiven Wortzusammensetzungen gehören alle zu den Adjektiven, unabhängig davon, zu welcher Wortgruppe ihre Bestandteile gehören. Diese Zugehörigkeit wird jedoch nicht aus der Art der Zusammensetzung ersichtlich, sondern kann meist erst im Satz festgestellt werden, wenn das zusammengesetzte Wort als Attribut zu einem anderen Wort auftritt. Die zweite Komponente ist immer ein Substantiv. In letzter Zeit werden einige dieser Zusammensetzungen auch substantiviert verwendet. Dieser Typ ist im Hindi ebenfalls wenig produktiv: बुज़दिल „feige“, „Feigling“ („das Herz eines Ziegenbocks habend“), ख़रगोश „Hase“ („Eselsohren habend“), चन्द्रमुखी (f.)

„mondgesichtig“, संगदिल „grausam“ („ein Herz aus Stein habend)“, दोधारा „zweischneidig“ („zwei Schneiden habend“).
Manchmal wird an Wortzusammensetzungen dieser Art die Adjektivendung -आ angefügt: दुमंज़िला „zweistöckig“, घुड़-मुँहा „pferdegesichtig“.

4. Zusammengesetzte Adverbien (अव्ययीभाव)

§ 84 Bei den zusammengesetzten Adverbien ordnet sich die erste Komponente die zweite unter. Dieser Typ ist im Hindi wenig produktiv: यथाकाम „freiwillig“, भरसक „nach Kräften“, बेशक „zweifellos“, प्रतिदिन „täglich“, यथेच्छा „nach Wunsch“, आजीवन „lebenslänglich“.

§ 85 Zusammengesetzte Sanskritwörter und Neubildungen aus Sanskritelementen spielen eine große Rolle im Literaturhindi, besonders bei der Schaffung einer eigenen Terminologie:

	Art der Wortzusammensetzung
शांतिप्रेमी „Friedensanhänger“	तत्पुरुष
भूतत्त्वज्ञ „Geologe“	उपपदसमास
आयात-निर्यात „Im- und Export“	द्वन्द्व

B. Wiederholungen und Paarwörter

Weit verbreitet ist im Hindi auch die Wortbildung durch Wiederholung desselben Wortes oder durch Zusammensetzen synonymer sowie antonymer Wörter.

1. Die Wortwiederholung

§ 86 Die Wiederholung ein und desselben Wortes dient der Verstärkung der Bedeutung des Wortes oder verleiht ihm eine distributive Bedeutung. Statt einer doppelten Schreibung des Wortes findet man dabei nicht selten das Zahlwort २ hinter dem Wort:

लंबा २ = लंबा लंबा „sehr lang“

§ 87 Die Wiederholung von Adjektiven gleicht der Wiederholung von Adjektiven im Deutschen: „ein langer, langer Weg“. Sie wird im Hindi allerdings viel häufiger angewendet. Oft kann man derartige Konstruktionen ins Deutsche auch durch Ausdrücke wie „rabenschwarz", „bitterkalt" usw. übersetzen. Die Wiederholung gibt den Adjektiven also eine stärkere Ausdruckskraft:

काले काले बाल „rabenschwarze Haare"

छोटे २ बच्चे „ganz kleine Kinder"

चौड़ी चौड़ी सड़क „eine sehr breite Straße"

Dasselbe gilt für Adverbien:

उस ने **पास पास** घर बना दिया। „Er baute ein Haus ganz in der Nähe."

§ 88 Die Wiederholung von Substantiven, Numeralien und Pronomen verleiht dem Wort eine distributive Bedeutung:

Substantive:

बात बात पर लड़ाई रहती थी। „Wegen jeder Kleinigkeit stritt man sich."

गाँव में **घर घर** यही बात सुनायी जाती थी। „Im Dorf sprach man in jedem Haus nur davon."

Numeralien:

उस ने **एक एक** बात के **सौ सौ** उत्तर दिये। „Er gab auf jedes Wort hunderte von Antworten."

तीन तीन चार चार बरस के लड़के और लड़कियाँ घर में थीं। „Im Hause befanden sich Jungen und Mädchen im Alter von drei bis vier Jahren."

Pronomen:

सब लोग **अपने अपने** घर गये। „Alle Leute gingen nach Hause (jeder in sein eigenes)."

§ 89 Die Wiederholung von Partizipien unterstreicht die lange Dauer einer ununterbrochenen Handlung oder eines Zustandes:

चलते चलते हम थक गये। „Wir wurden müde vom vielen Gehen."

बैठे बैठे उस का जी ऊबता था। „Er saß und saß und geriet in Unruhe."

§ 90 Die Wiederholung von Absolutiven weist auf eine wiederholte oder oft vor sich gehende Handlung hin. Dabei wird das Suffix des Absolutivs nur einmal, und zwar hinter die zweite Komponente gesetzt:

मैं ने अपना दूध **पिला पिला कर** उन्हें बड़ा किया है। „Ich habe sie großgezogen, indem ich sie mit meiner Milch ernährt habe."

2. Die Wiederholung synonymer Wörter

§ 91 Die Wiederholung von Synonymen dient der Unterstreichung der allgemeinen Bedeutung der Wörter und ergänzt die Bedeutung des einen Wortes durch die Nuance in der Bedeutung des anderen:

बाल – बच्चे „Kinder", „Familie" चलना–फिरना „laufen", „umherlaufen"
थका – माँदा „müde", „gequält"
मार–पीट „Gemetzel" घुस – रिश्वत „Bestechung"
लिखा – पढ़ा „gebildet"

§ 92 Andere Verbindungen bestehen aus einem Wort und einer ihm ähnlich klingenden Komponente, die keine Eigenbedeutung hat und auch selbständig nicht auftritt. Diese Komposita verleihen der Sprache Lebendigkeit und emotionale Ausdruckskraft:

a) Die zweite Komponente tritt selbständig nicht auf:
झट– पट „schnell", सच – मुच „wirklich", „tatsächlich",
चुप – चाप „schweigend", „heimlich"

b) Die erste Komponente tritt selbständig nicht auf:
श्रास – पास „in der Nähe", „ringsum" श्रामने – सामने „vor", „gegenüber"
श्रदला – बदला „Veränderung", „Tausch" इने-गिने „gezählte", „wenige"

c) Die zweite Komponente ist die Wiederholung der ersten, nur einer ihrer Buchstaben ist verändert. Die gesamte Wortzusammensetzung bezeichnet einen Begriff und alles, was mit diesem zusammenhängen kann:

काग़ज़ – वाग़ज़ „alle möglichen Papiere"
मिठाई – विठाई „die verschiedensten Süßigkeiten"
झूठ – मूठ „Lügen", „Schwindelei"

§ 93 Die Wiederholung von Verbstämmen oder die Verbindung von in ihrer Bedeutung ähnlichen Verben, bei denen an das erste Element -श्रा und an das zweite -ई angehängt wird, bezeichnet die Intensität oder Gegenseitigkeit der Handlung:

मारा – मारी „Schlägerei"
खींचा – तानी „Kampf"
दौड़ा – दौड़ी „wirres Hin und Her", „Durcheinander", „Eile"

§ 94 Häufig werden zwei Verben mit ähnlicher Bedeutung zusammengekoppelt, um die Bedeutung des ersten Verbs zu verstärken. Man nennt sie reiterative Verben (**पुनरुक्त संयुक्त क्रियाएँ**) :

जान – बूझकर „absichtlich" पूछ – ताछकर „nach Nachforschungen"
देख – भालकर „beaufsichtigt" बोलना – चालना „sprechen"
सोच – समझकर „überlegt" मिलना – जुलना „sich gleichen", „verkehren"

Beide Verben werden konjugiert:

अपने शहरवालों से **मिलते–जुलते** रहना चाहिये । „Man muß mit seinen Mitbürgern Verkehr pflegen."

3. Die Wiederholung antonymer Wörter

§ 95 Wörter mit völlig entgegengesetzter Bedeutung werden zu neuen Begriffen zusammengesetzt. Der Art ihrer Zusammensetzung nach gehören sie zu den koordinierten Wortzusammensetzungen (s. § 78):

आज–कल „heute und morgen" = „gegenwärtig"
आगा–पीछा „vorwärts und rückwärts" = „Schwanken", „Unentschlossenheit"
आय–व्यय „Einnahme und Ausgabe" = „Budget"

C. Die Präfigierung

§ 96 Die Präfigierung spielt im Hindi keine wesentliche Rolle. Meistens sind die präfigierten Wörter dem Sanskrit, dem Persischen oder dem Arabischen entlehnt. Nur wenige Präfixe treten in Verbindung mit eigentlichen Hindiwörtern auf oder werden zur Bildung neuer Wörter verwendet.

§ 97 Folgende Präfixe (उपसर्ग) sind im modernen Hindi produktiv:

अ-, अन- (H. u. P.) „nicht", „ohne": अनधिकार „unberechtigt", अभाव „Mangel", „Abwesenheit", अनपच „Verdauungsstörung"

बे- (P.) „ohne": बेघर „obdachlos", बेजान „leblos", „tot", बेबस „kraftlos", „schwach"

ग़ैर- (A.) „un-", „ohne": ग़ैरक़ानूनी „ungesetzlich", ग़ैरराजनीतिक „unpolitisch"

§ 98 Weniger produktiv sind folgende Präfixe:

उन- (H.) „ohne eins“: उनतीस „neunundzwanzig“, उनसठ „neunundfünfzig“

ना- (P.) „un-“: नाक़ाबिल „unfähig“, नाकाफ़ी „ungenügend“

नि- (Ai.) „unten“, „bei“, „aus“: निकम्मा „unnütz“, निडर „furchtlos“

बिन- (aus der ai. Präposition विना- „ohne“) „ohne“, „un-“: बिनबोया „unbesät“, बिनजाने „unabsichtlich“, बिनब्याहा „unverheiratet“

§ 99 Folgende Präfixe kommen hauptsächlich in Wörtern vor, die aus dem Sanskrit entlehnt sind:

अति- „über“: अतिरिक्त „Rest“, अतिमानव „übermenschlich“, „unmenschlich“, अति – उत्पादन „Überproduktion“

अधि- „auf“, „in“: अधिकार „Recht“, अध्यक्ष „Vorsitzender“

अनु- „nach“: अनुकृति „Nachahmung“, अनुयायी „Anhänger“ अनुमान „Annahme“

अन्तर- 1. „innen“, „in“: अन्तर्भौम „unterirdisch“, अन्तर्मुख „innen“, „innerlich“
2. „zwischen“: अन्तर्राष्ट्रीय „international“

अप- 1. „weg“: अपक्रमण „Flucht“
2. „schlecht“: अपभाषण „Schimpfwort“, अपचार „schlechtes Benehmen“

अभि 1. „auf“, „in Richtung“: अभियान „Expedition“, अभिमुखी „mit dem Gesicht zu“
2. Ausdruck der Intensität: अभिलाषा „Verlangen“

अव- 1. „nach unten“: अवदमन „Unterdrückung“
2. „un-“, „nicht“: अवकृपा „Unzufriedenheit“

आ- „bis“, „bei“, „zu“: आकर्षण „Anziehung“, आयात „Import“

उद्- (**उन्-** , **उत्-** , **उच्-**) „oben“, „außen“, „weg“: उदय „Sonnenaufgang“, उद्ग्रहण „Sammlung“, उन्मूलन „Ausrottung“, उद्देश्य „Ziel“, „Absicht“, उत्पादन „Produktion“, उच्चारण „Aussprache“

उप- 1. „zu“, „auf“: उपनिवेश „Kolonie“, उपकार „Hilfe“, „Unterstützung“
2. „Vize-“, „Unter-“, „Stellvertreter“: उपमंत्री „stellvertretender Minister“, उपराष्ट्रपति „Vizepräsident“

कु-, का- drückt eine herabsetzende Bewertung aus: कुपाठ „schlechter Rat", कापुरुष „Schuft", „Feigling"

दुस्- (दुर्-, दुश्-, दुष्-, दुः-) drückt eine negative Bewertung aus: दुस्साहस, दुःसाहस „Frechheit", „Dreistigkeit", दुराग्रह „Störrigkeit", दुश्चेष्टा „böse Absicht", दुष्कीर्त्ति „Schmach"

नि- „unter-", „aus", „bei", „ver-": निदेश „Anweisung", निबंध „Aufsatz"

निस्- (निर्-, निः-, निश्-, निष्-) 1. „aus, weg": निर्यात „Export", निश्चय „Beschluß"
2. „ohne", „nicht", „un-": निरपेक्ष „gleichgültig", निस्संतान „kinderlos", निःशब्द „wortlos", निष्कलंक „fleckenlos"

परा- 1. „weg", „fort": पराक्रय „Niederlage"
2. „für", „auf", „über": पराक्रम „Kraft", „Mut"

परि- 1. „um", „herum": परिभ्रमण „Drehung", „Umherirren", परिस्थिति „Lage"
2. Ausdruck der Intensität: परिचय „Wissen"

प्र- 1. „vor-": प्रक्रम „Lauf", „Anfang", प्रगति „Fortschritt"
2. Ausdruck der Intensität: प्रकर्ष „Überlegenheit", प्रबल „kräftig"

प्रति- 1. „gegen": प्रतितुला „Gegengewicht", प्रतिनिधि „Vertreter", „Deputierter"
2. „auf jeden", „pro": प्रतिशत „Prozent", प्रतिवर्ष „jährlich"

वि- 1. „von innen", „in verschiedene Richtungen": विजय „Sieg", विकेंद्रीकरण „Dezentralisierung", विनष्ट „zerstört"
2. drückt eine negative Bewertung aus: विमाता „Stiefmutter", व्यर्थ „unnütz"

स- „mit", „zusammen mit" (bildet mit Substantiven possessive Wortzusammensetzungen): सगंध „duftend", सगर्व „stolz"

सम्- 1. „mit", „zusammen mit": संतोष „Zufriedenheit", संगठन „Organisation"
2. Ausdruck der Intensität: संताप „große Hitze", „große Qual"

सह- „zusammen mit": सहकार „Mitarbeit", सह-अस्तित्व „Koexistenz"

सु- drückt eine positive Bewertung aus und hebt die Eigenschaft mehr hervor: सुसंयोग „günstige Gelegenheit", सुकृति „tugendhaft"

§ 100 In der Eigenschaft von Präfixen treten auch einige Sanskritwörter auf. Die ganze Bildung gehört eigentlich ihrer Struktur nach zu den subordinierten Wortzusammensetzungen:

ग्रात्म-, **स्व-** und **स्वयं-** haben die Bedeutung „selbst-", „auto-": ग्रात्मनिर्णय „Selbstbestimmung", ग्रात्मशासन, स्वशासन „Selbstverwaltung", स्वचालक „Automat"

नव- „neo-": नववाद „Neologismus", नवागन्तुक „Neuansiedler"

D. Die Suffigierung (कृत्प्रत्यय)

§ 101 Die Suffigierung ist eines der wichtigsten Mittel der Wortbildung im Hindi. Dabei ist charakteristisch, daß viele Wörter aus dem Sanskrit oder Persischen in der Rolle von Suffixen auftreten. Im Hindi gebräuchliche arabische und persische Suffixe werden nicht nur an arabische und persische entlehnte Wörter angefügt, sondern auch an Hindiwörter. Weit verbreitet sind Suffixe aus dem Sanskrit.

§ 102 Im Hindi werden auch mehrere Suffixe zu einem neuen Formans verbunden, z. B.: -वाद „-ismus" und -ई bilden zusammen das Suffix **-वादी** „-ist", „-istisch", das den Anhänger einer ideologischen Richtung sowie das entsprechende Adjektiv dazu bezeichnet:

मार्क्सवाद „Marxismus" — मार्क्सवादी „Marxist", „marxistisch"

1. Produktive Suffixe zur Bildung von Substantiven

§ 103 Weibliche Suffixe:

-ई bildet gewöhnlich weibliche Substantive von männlichen, die auf -ग्रा auslauten: बेटा „Sohn" — बेटी „Tochter", घोड़ा „Hengst" — घोड़ी „Stute", बिल्ला „Kater" — बिल्ली „Katze"

-ई (Skr.): पुत्र „Sohn" — पुत्री „Tochter", देव „Gott" — देवी „Göttin"

-इन (**-ग्रन**), **-नी**, **-ग्रानी**: लोहार „Schmied" — लोहरिन (लोहरन) „Frau des Schmiedes", दर्ज़ी „Schneider" — दर्ज़िन „Schneiderin“, शेर „Löwe“ — शेरनी „Löwin“, नौकर „Diener“ — नौकरानी „Dienerin“, नाग „Schlange“ (m.) — नागिन „Schlange“ (f.)

§ 104 Suffixe, die eine einen Beruf oder eine Tätigkeit ausübende Person oder den Besitzer von etwas bezeichnen (viele von ihnen bilden gleichzeitig auch Adjektive), u. ä.:

-ई (H., m.) bezeichnet Personen nach ihrer Tätigkeit, sozialen Zugehörigkeit oder auch nach ihrem Wohnsitz oder Geburtsort: हलुवाई „Konditor“, पंजाबी „Einwohner des Pandschab“, शराबी „Säufer“

-कार, -कारी (P. u. Skr., m.): नाटककार „Dramaturg“, सलाहकार „Berater“, संस्कृतिकार, तहज़ीबकार „Kulturschaffender“, साहित्यकार „Literat“, व्याकरणकार „Grammatiker“, क्रान्तिकारी „Revolutionär“

-दार (P.) weist auf den Besitzer von etwas hin: दुकानदार „Ladeninhaber“, नम्बरदार „Dorfvorsteher“, ज़मीनदार „Landbesitzer“, क़र्ज़दार „Schuldner“

-बाज़, -ख़ोर, -निगार, -शाह (P.): धोकेबाज़ „Betrüger“, टुकड़ख़ोर „Parasit“, नामानिगार „Korrespondent“, नौकरशाह „Bürokrat“

-वान (P.): इक्केवान „Kutscher“, हाथीवान „Elefantentreiber“

-वाला (H., m.): रोटीवाला „Bäcker“, अख़बारवाला „Zeitungsausträger“, गाड़ीवाला „Fuhrmann“

-वाला gibt auch den Einwohner eines Ortes an: गाँववाला „Dorfbewohner“, दिल्लीवाला „Einwohner von Delhi“

-साज़ (P.): घड़ीसाज़ „Uhrmacher“, कंघीसाज़ „Kammacher“, बिजलीसाज़ „Elektriker“

§ 105 Weniger produktive oder unproduktive Suffixe, die Personen bezeichnen, sind:

-आक, -आका, -आकू (m.): तैराक „Schwimmer“, लड़ाका „Kämpfer“, उड़ाकू „Flieger“

-आर, -आरी, -री, -आड़ी (m.): लोहार „Schmied“, जुआरी „Glücksspieler“, खिलाड़ी „Sportler“, „Spieler“

-इया, -ऐया, -वैया (m.): डाकिया „Postangestellter“, „Briefträger“, लोनिया „Salzverkäufer“, जड़ैया „Juwelier“, गवैया „Sänger“

-ऊ (m.) tritt nur an Verbstämme: खाना „essen" — खाऊ „Esser", कमाना „verdienen" — कमाऊ „Verdiener"

-एरा (m.): लुटेरा „Räuber", सँपेरा „Schlangenbeschwörer", कँचेरा „Glasbläser"

-ऐत (m.): लठैत „mit einem Knüppel bewaffneter Wächter", डकैत „Räuber"

-की, **-किया** (m.): ढोलकी, ढोलकिया „Trommelschläger"

-परस्त (P.) „Anhänger", **-पसन्द** (P.) „liebend", „Liebhaber", **-ख़ोर** (P.) „essend", „verschlingend", **-बाज़** (P.) „spielend", „sich vergnügend": फ़ूटपरस्त „Spalter", समझौतापसन्द „Versöhnler", ब्याज़ख़ोर „Wucherer", घूँसेबाज़ „Boxer"

-वा, **-हा** (m.) werden vorwiegend an Verbstämme angehängt: देना „geben" — देवा „Geber", रेतना „polieren" — रेतवा „Polierer", चरवाना „weiden" — चरवाहा „Schäfer", मछ „Fisch" — मछवा „Fischer"

-वासी bezeichnet den Bewohner einer Stadt, eines Gebietes, eines Landes usw.: नगरवासी „Städter", यूरोपवासी „Europäer"

-हार, **-हारा** (m.): पनहार „Wasserträger", लकड़हारा „Holzfäller", „Holzhändler"

§ 106 Sanskritsuffixe, die eine Person bezeichnen:

-अक (m.), **-इका** (f.): लेखक „Schriftsteller" — लेखिका „Schriftstellerin", शिक्षक „Lehrer" — शिक्षिका „Lehrerin", सुधारक „Reformator"

-ज्ञ, **-विज्ञ**, **वेत्ता**, **-विद्** (m.) bezeichnen Spezialisten auf irgendeinem Gebiet: राजनीतिज्ञ „Politiker", पुरातत्त्ववेत्ता „Archäologe", प्राज्यतत्त्वविद् „Orientalist"

-ता (m., uv.): नेता „Führer", वक्ता „Redner", योद्धा „Krieger"

-वादी (m.) bezeichnet den Anhänger einer Meinung, Theorie, Weltanschauung usw.: साम्यवादी „Kommunist", प्रतिक्रियावादी „Reaktionär"

§ 107 Suffixe, die Handlungen oder mit einer Handlung verbundene Gegenstände oder Erscheinungen bezeichnen (Objekt, Resultat, Mittel, Ort usw.) und nur an Verbstämme angehängt werden:

-अ wird nicht ausgesprochen und kann deshalb als ein Nullsuffix angesehen werden. Es dient als Suffix für männliche und weibliche Substantive, die auch paarweise auftreten: पहुँच (f.) „Zugang", „Zugängigkeit", लूट (f.) „Raub", बोल-चाल (f.) „Gespräch". Manchmal tritt hier der Stammvokal des Verbs in die Gunastufe: चलना „sich bewegen" — चाल (f.) „Lauf", बढ़ना „wachsen" — बाढ़ (f.) „Anwachsen", „Aufstieg", मिलना–जुलना „sich vereinigen", „sich treffen" — मेल–जोल (m.) „Verkehr", „Verbindung", „Umgang"

-आई (f.) bildet Substantive, die 1. eine Handlung bezeichnen: लड़ाई „Kampf", „Krieg", सिंचाई „Bewässerung", दिखाई „Zeigen"
2. die Bezahlung für eine Arbeit angeben: सिलाई „Lohn fürs Nähen", कमाई „Verdienst"

-आ (m.) bezeichnet das Resultat einer Handlung. Bei seiner Anfügung tritt der Stammvokal in die Gunastufe: मेला „Volksauflauf", „Volksfest", जोड़ा „Paar"

-आन (f.): उड़ान „Flug", उठान „Aufstieg"

-आव (m.), **-आओ**, **-आवा** (m.), **-आप** (m.), **-आवट** (f.): दिखाव „Vorstellung", ठहराव „Beschluß", पहिरावा „Kleidung", मिलाप „Einverständnis", थकावट „Müdigkeit", भुलावट „Vergeßlichkeit"

-ऊ (m.): झाड़ू „Besen"

-औता (m.), **-औती** (f.), **-औटी** (f.): समझौता „Vertrag", चुनौती „Aufruf", कसौटी „Prüfstein"

-त, **-ती** (f.): बचत „Sparen", „Rest", गिनती „Rechnen", भरती „Auffüllung"

-न (f., m.), **-ना** (m.), **-नी** (f.): देन „Gabe", खाना „Essen", करनी „Handlung", अड़नी „Schleier"

-वट (f.): बनावट „Fälschung"

§ 108 Sanskritsuffixe, die zur Bildung von Wörtern an Verbstämme angefügt werden, die mit Handlungen verbundene Erscheinungen, Gegenstände usw. bezeichnen:

-अ (m.), **-आ** (f.): अनुभव „Erfahrung", इच्छा „Wunsch", पूजा „Gottesdienst"

-अन (m.), **-अना** (f.): करन „Handlung", मरन „Sterben", „Tod", तुलना „Vergleich"

-अन bildet gleichzeitig Substantive, die das Mittel, den Ort usw. bezeichnen: चरन „Fußstapfe“, स्थान „Ort“

-ति (f.): स्मृति „Erinnerung“, सृष्टि „Schöpfung“, बुद्धि „Verstand“

-त्र (m.) bezeichnet das Mittel: नेत्र „Auge“, वहित्र „Motor“, वस्त्र „Kleidung“

-करण, **-ईकरण** oder **-ईयकरण** (m.) werden an Nomen angehängt: मशीनीकरण „Mechanisierung“, बिजलीकरण, विद्युत्करण „Elektrifizierung“, फ़ौजीकरण „Militarisierung“, केंद्रीकरण, केंद्रीयकरण „Zentralisierung“

§ 109 Suffixe zur Bildung abstrakter Substantive:

-आई (f.): भलाई „das Gute“, „Vorzug“, चौड़ाई „Breite“, मुस्कराई „Lächeln“

-आहट, **-हट** (f.): कड़वाहट „Bitterkeit“, राजहट „Despotismus“

-ई (f.) bezeichnet 1. abstrakte Eigenschaften: सावधानी „Aufmerksamkeit“, „Vorsicht“, ईमानदारी „Ehrlichkeit“, चातुरी „Geschicklichkeit“

2. Tätigkeiten: गुप्तचारी „Spionage“, डाक्टरी „ärztlicher Beruf“

3. in Verbindung mit Numeralien den entsprechenden Teil vom Ganzen: चौथाई „der vierte Teil“, „ein Viertel“

-(आ)पा, **-पन**, **-पना** (m.) können an jeden Wortstamm angehängt werden, wobei sich dessen Vokal manchmal kürzt. Das Endungs -आ des Wortstammes wird oft zu -ए: मूर्खपन „Dummheit“, कालापन „Schwärze“, निरालेपन „Besonderheit“, बुढ़पन, बुढ़ापा, बुढ़ापना „Alter“, बुज़दिलपन „Feigheit“

-ख़ोरी (f.): घूँसख़ोरी „Bestechlichkeit“, लगनख़ोरी „Steuereintreibung“

-परस्ती (f.): युद्धपरस्ती „Militarismus“, समझौतापरस्ती „Versöhnlertum“

-बन्दी (f.): दलबन्दी „Koalition (von Parteien)“, घेराबन्दी „Isolierung“

-बाज़ी (f.): समझौताबाज़ी „Versöhnlertum“, प्रचारबाज़ी „propagandistische Tricks“

-शाही (P., f.) bildet Substantive, die die Macht oder die Herrschaft von etwas bezeichnen: बंकशाही „Bankherrschaft", साम्राज्यशाही „Imperialismus", नौकरशाही „Bürokratie", डिक्टेटरशाही „Diktatur", अफ़सरशाही „Polizeiherrschaft"

§ 110 Sanskritsuffixe, die abstrakte Substantive bilden:

-तंत्र, -सत्ता (m.) bezeichnet Gesellschaftsordnungen, Arten der Staatslenkung usw.: जनतंत्र, लोकतंत्र, प्रजातंत्र „Demokratie", गणतंत्र „Republik", अमीरतंत्र, अमीरसत्ता „Aristokratie"

-ता (f.), **-त्व** (m.): पवित्रता „Heiligkeit", महत्व „Größe", „Bedeutung", उत्पादनशीलता „Produktivität", प्रगतिशीलता „Fortschrittlichkeit"

-य (m.): स्वास्थ्य „Gesundheit", ऐक्य „Einheit"

-वाद (m.) bezeichnet ideologische und politische Strömungen, sehr produktiv: समाजवाद „Sozialismus", समझौतावाद „Opportunismus", प्रकृतिवाद „Naturalismus", आदर्शवाद „Idealismus"

-शास्त्र, -विद्या, -विज्ञान, -तत्त्व „-wissenschaft", „-logie", „-istik": समाजशास्त्र „Soziologie", प्रच्यविद्या, प्रच्यविज्ञान „Orientalistik", भाषातत्त्व „Sprachwissenschaft"

§ 111 Suffixe, die emotionale Bewertungen ausdrücken:

-इया (m. u. f.) bildet Verkleinerungswörter mit zärtlichem, manchmal aber auch verächtlichem Beiklang: बिटिया „Söhnchen", „Töchterchen", किताबिया (f.) „Büchlein", खटिया (f.) „Bettchen", घुड़िया „Pferdchen"

-ओला (m., up.): घड़ोला „Töpfchen", सँपोला „Schlänglein", खटोला „Bettchen"

-ड़ा (m.), **-ड़ी** (f.), **-री** (f.): पलंगड़ी „Bettchen", टँगड़ी „Beinchen", आँखरी, आँखड़ी „Äuglein"

Diese Suffixe werden auch pleonastisch verwendet: चिड़िया „Vogel", खटोला „Bett", मुखड़ा „Gesicht", अंतड़ी „Inneres".

Eine emotionale Bewertung wird manchmal mit Hilfe von weiblichen Suffixen ausgedrückt: डिब्बा (m.) „Schachtel" — डिब्बी (f.) „Schächtelchen", टुकड़ा (m.) „Stück" — टुकड़ी (f.) „Stückchen".

§ 112 Sanskritsuffixe, die eine emotionale Bewertung ausdrücken:

-एला (m.): मोरेला „kleiner Pfau", कवेला „kleine Krähe"

-क (m.), **-का** (f.), **-इका** (f.): राजक „kleiner Radscha“, कन्यका „Töchterchen“, पुस्तिका „Büchlein“, „Heft“, „Broschüre“
-ली (f.): घँटाली „Glöcklein“, „Glöckchen“
-वा (m.), **-उआ** (m.): बिटवा „Söhnchen“, घड़ुआ, घड़वा „Häuschen“

§ 113 Suffixe, die einen Ort, ein Land oder ein Gebäude bezeichnen:
-आबाद (P.): हैदाराबाद „Haidarabad“, इलाहाबाद „Allahabad“
-घर, -आलय, -शाला, -ख़ाना, -गृह, -आगार (alle m.): टिकटघर „Kasse“, „Fahrkartenschalter“, प्रतीक्षालय „Wartesaal“, पाठशाला „Schule“, कारख़ाना „Fabrik“, चिकित्सागृह „Poliklinik“
-पुर: जयपुर „Dschaipur“
-स्तान, -इस्तान (P.): हिन्दुस्तान „Indien“, पाकिस्तान „Pakistan“, रेगिस्तान „Wüste“

§ 114 Suffixe, die ein Behältnis angeben:
-दान (m.), **-दानी** (f.): उगलदान „Spucknapf“, चूहेदान, चूहेदानी „Mausefalle“, फूलदान „Blumentopf“, „Vase“, मच्छड़दानी „Moskitonetz“, राखदानी „Aschenbecher“

2. Suffixe zur Bildung von Adjektiven

§ 115 Einige Suffixe wie **-वाला, -ई, -दार, -इया, -ऊ** usw. treten nicht nur bei der Bildung von Substantiven, sondern auch bei der Bildung von Adjektiven auf.
Weitere Adjektivsuffixe sind:
-आ: सच्चा „richtig“, „wahr“, गोला „rund“, भूखा „hungrig“
Das Suffix **-आ** ist auch bei der Bildung zusammengesetzter Adjektive produktiv, die zum Unterschied von den einfachen meist unveränderlich sind: दुमंज़िला „zweistöckig“, तिरंगा „dreifarbig“, चौतरफ़ा „vierseitig“
-आलू bildet Adjektive, die Charaktereigenschaften bezeichnen: झड़ालू „zänkisch“, लजालू „schamhaft“, शर्मालू „schamhaft“, „schüchtern“
-आसा: निंदासा „schläfrig“, रुआसा „weinerlich“
-इया, -ओरा (-औरा), -ओड़ा (-औड़ा): बखेड़िया „skandalös“, लड़कोरा, लड़कौरा, लड़कोड़ा, लड़कौड़ा „einen Sohn habend“
-ई (in ihm vereinigen sich vier Suffixe: aus dem Hindi, dem Sanskrit, dem Persischen und dem Arabischen): धनी

„reich“, गुलाबी „rosa“, इनसानी „menschlich“, उत्तरी „nördlich“, बंगाली „bengalisch“, रोगी „krank“, टेकनीकी „technisch“, एशियाई „asiatisch“

-ईला, -एल: रेतीला „sandig“, नुकीला „spitz“, लचीला „biegsam“, „elastisch“, दंतीला, दंतेल „zackig“, बोझेल „schwer“, ज़हरीला „giftig“, बर्फ़ीला „schneeig“

-ऊ, -आऊ: बाज़ारू „Markt-“, पंडिताऊ „gelehrt“, बिकाऊ „verkäuflich“

-एला, -ऐला: नशेला „betrunken“, विषैला „giftig“

-दार, -मन्द, -नाक, -वार, -वर, -आवर, -यार (alle P.): चमकदार „glänzend“, दौलतमन्द „reich“, शर्मनाक „skandalös“, ज़िम्मेवार „verantwortlich“, नामवर „berühmt“, हमलावर „aggressiv“, होशियार „verständig“, „begabt“

-बाज़, -परस्त (alle P.): धोखेबाज़ „betrügerisch“, ज़रपरस्त „käuflich“

-ला: लाड़ला „geliebt“, धुँधला „rauchig“, „neblig“, उपरला „oberer“, रेतला „sandig“

-वाला: दाढ़ीवाला „bärtig“, पैसेवाला „reich“, शहरवाला „städtisch“

-ई (m.), **-इनी** (f.): पुत्रपौरी „Söhne und Enkel habend“, अनुभवी „erfahren“, कार्यकारिणी „exekutiv“, पहाड़ी „hügelig“, उपयोगी „geeignet“

-इक (sehr produktiv; der Vokal der ersten Silbe wird stets in die Wriddhistufe gesetzt): इच्छा „Wunsch“—ऐच्छिक „fakultativ“, लोक „Welt“—लौकिक „weltlich“, इतिहास „Geschichte“—ऐतिहासिक „historisch“; a b e r: राजनीतिक „politisch“ und विदेशिक „ausländisch“ ohne Wriddhi.

-ईय: पुस्तकीय „Bücher-“, अखिलभारतीय „allindisch“, अन्तर्राष्ट्रीय „international“

-नीय „würdig“: विश्वासनीय „vertrauenswürdig“, प्रशंसनीय „rühmlich“

-य: ओष्ठ्य „Lippen-“, अन्त्य „endlich“

-मान, -वान्, -वन्त: बुद्धिमान „klug“, बलवन्त „kräftig“, दयावान „mitleidig“

-लू: कृपालू „mitleidig“, „gütig“

§ 116 Sanskritpartizipien, die mit Hilfe der Suffixe **-(इ)त** und **-न** gebildet werden, sind im Hindi häufig anzutreffen. Sie werden hier wie Adjektive behandelt: लिखित „geschrieben“, गत „vergangen“, नियुक्त „ernannt“, भिन्न „verschieden“.

§ 117 Wörter, die in der Funktion von produktiven Adjektivsuffixen auftreten:

-आत्मक („die Eigenschaft habend"): सृजनात्मक „schöpferisch", द्वन्द्वात्मक „dialektisch"

-कारक, -कारी „herstellend", **-जनक** „hervorrufend", **-दायक** „gebend": समाधानकारक „beruhigend", आश्चर्यजनक „verwunderlich", „erstaunlich", संतोषदायक „befriedigend", आक्रमणकारक, आक्रमणकारी „aggressiv"

-गत: व्यक्तिगत „persönlich", दलगत „parteilich"

-पूर्ण- „voll": शान्तिपूर्ण „friedlich", प्रेमपूर्ण „liebevoll", मित्रतापूर्ण „freundschaftlich"

-प्राप्त „habend", „erhalten habend": डिग्रीप्राप्त „einen Rang habend", डिप्लोमाप्राप्त „ein Diplom erhalten habend"

-बन्द: हथियारबन्द „bewaffnet" गुटबन्द „Fraktions-"

-भरा: जोशभरा „temperamentvoll", क्रोधभरा „zornig", „voller Zorn", रहस्यभरा „geheimnisvoll", „rätselhaft"

-मय „bestehend aus", „voll": सुखमय „glücklich", शान्तिमय „ruhig", „friedlich"

-युक्त „verbunden": खेदयुक्त „traurig", क्रोधयुक्त „zornig"

-वादी: आधुनिकतावादी „modernistisch", वास्तविकतावादी „realistisch", उपयोगितावादी „utilitaristisch"

-विरोधी „gegen": युद्धविरोधी „gegen den Krieg seiend", साम्राज्यवादविरोधी „antiimperialistisch", पार्लमेंटविरोधी „antiparlamentarisch"

-शाली „versehen mit": प्रतिभाशाली „begabt", शक्तिशाली „kräftig"

-शास्त्रीय: भाषाशास्त्रीय „sprachwissenschaftlich", समाजशास्त्रीय „soziologisch"

-संबंधी „verbunden mit": टेकनीकसंबंधी „technisch", देशरक्षासंबंधी „die Landesverteidigung betreffend", क़ानूनसंबंधी „gesetzlich"

-हीन „verlassen", **-रहित** „entledigt", **-शून्य** „leer": बलहीन „kraftlos", अर्थहीन „sinnlos", पक्षपातरहित „unparteiisch", प्राणशून्य „leblos"

3. Suffixe zur Bildung von Adverbien

§ 118 Zur Bildung von Adverbien sind nur einige Sanskritsuffixe gebräuchlich:

तः प्रथमतः „anfänglich", „zuerst", „erstens", **व्यवहारतः** „praktisch"
-पूर्वक : ध्यानपूर्वक „aufmerksam", मित्रतापूर्वक „freundschaftlich", समझपूर्वक „bewußt". Diesem Adverbsuffix entspricht bei den Adjektiven **-पूर्ण :** शान्तिपूर्ण „friedlich" (Adjektiv) — शान्तिपूर्वक „friedlich" (Adverb)
-वत : राजवत „königlich", „wie ein König", बलवत „kindlich"
-वश : दुर्भाग्यवश „unglücklicherweise", संयोगवश „zufälligerweise"
-शः : शतशः „hundertmalig", „zu Hunderten", शब्दशः „wörtlich"

4. Suffixe zur Bildung von Verben

§ 119 In geringem Maße werden neue Verben von Substantiven, Adjektiven, Pronomen und Adverbien durch die Anhängung der Suffixe **-ना** oder **-आना** gebildet:

ख़रीद	„Kauf"	— ख़रीदना	„kaufen"
विचार	„Gedanke"	— विचारना	„überlegen"
लंगड़ा	„lahm"	— लंगड़ाना	„hinken", „humpeln"
कम	„gering", „klein"	— कमना	„sich verringern", „sich verkleinern"
अपना	„sein"	— अपनाना	„sich aneignen"
फ़र्म	„Befehl"	— फ़र्माना	„befehlen"
शर्म	„Scham", „Scheu"	— शर्माना	„verlegen sein", „scheu sein"

VI. DIE MORPHOLOGIE (शब्दविचार)

Im Hindi gibt es zehn Wortarten: Substantiv, Adjektiv, Pronomen, Numerale, Verb, Adverb, Postposition, Konjunktion, Interjektion und Partikel. Substantive, Adjektive, Numeralien, Pronomen, Verben und Adverbien sind selbständige Wortarten, die im Satz als Satzteile auftreten. Postpositionen, Konjunktionen und Partikeln dienen der Verbindung der Wörter oder der Sätze untereinander, bzw. geben den Wörtern oder Sätzen verschiedene Bedeutungsschattierungen. Die Interjektionen drücken Gefühlsbewegungen, Willensregungen und sinnliche Eindrücke aus.
Die Grenzen zwischen den einzelnen Wortarten sind im Hindi sehr beweglich. Ein Wort kann leicht von einer Wortart in die andere überwechseln.

A. Das Substantiv (संज्ञा)

Das Substantiv hängt im Hindi von drei grammatischen Kategorien ab: vom Genus (लिंग), Numerus (वचन) und Kasus (कारक).

1. Das Genus (लिंग)

§ 120 Im Hindi unterscheidet man zwei Genera: das maskuline oder männliche (पुंल्लिंग) und das feminine oder weibliche (स्त्रीलिंग). Bei allen Lebewesen stimmt das natürliche Geschlecht mit dem grammatischen überein. Für die anderen Substantive können nur annähernde Regeln zur Bestimmung des grammatischen Geschlechts gegeben werden. Meist ist es notwendig, das Genus eines Substantivs im Wörterbuch nachzusehen und mit dem Wort zusammen auswendig zu lernen. Bei allen abgeleiteten Wörtern hängt das Genus gewöhnlich vom Suffix oder der Art der Wortbildung ab (s. §§ 103 bis 114).

§ 121 Für männliche Substantive gelten folgende Regeln:

Aus dem Hindi selbst sowie aus dem Arabischen oder Persischen stammende Substantive, die auf **-आ** enden, sind gewöhnlich männlich, z. B.: लड़का „Knabe", कारख़ाना „Fabrik", लोहा „Eisen", जलसा „Versammlung", घोड़ा „Pferd".

Hierzu gehören auch Sanskritwörter, die eine handelnde Person (Nomen agentis) bezeichnen, z. B.: नेता „Führer", राजा „Radscha", वक्ता „Redner", पिता „Vater".

Ausnahmen bilden einige persische und arabische Substantive, die weiblichen Geschlechts sind: हवा „Luft", रज़ा „Zustimmung", सज़ा „Strafe", दुआ „Gebet", इब्तिदा „Anfang", दवा „Arznei", दुनिया „Welt" u. a.

§ 122 Weiblichen Geschlechts sind folgende Wörter:

a) Alle Sanskritwörter auf **-आ** (außer Nomen agentis, s. § 121): स्वतंत्रता „Freiheit", इच्छा „Wunsch", वेदना „Schmerz".

b) Wörter, die auf **-ई**, **-इ**, **-इन** enden: लड़की „Mädchen", नदी „Fluß", शक्ति „Kraft", कमाई „Verdienst", धोबिन „Wäscherin", हथनी „Elefantin", खिड़की „Fenster".

Ausgenommen sind maskuline Substantive, die mit der Bezeichnung von Nationalitäten, Berufen, Kasten usw. verbunden sind, und einige andere: मंत्री „Minister", गुजराती „Gudscharate", तेली „Ölhändler", हाथी „Elefant", मोती „Perle", पानी „Wasser", घी „Butterschmalz", दही „saure Milch", „Quark".

c) Arabische Substantive auf **-अत**:
हालत „Lage", सलतनत „Staat", रिश्वत „Bestechungsgeld".

d) Von Verben abgeleitete arabische Substantive:
तक़सीम „Teilung", तजवीज़ „Vorschlag", „Resolution", तालीम „Bildung".

e) Persische Substantive auf **-इश**:
पैदाइश „Geburt", आराइश „Schmuck", कोशिश „Anstrengung", „Mühe".

f) Hindisubstantive auf **-त** und **-ट**:
धात „Mineral", „Metall", बात „Wort", खाट „Bett", रुकावट „Hindernis".

g) Alle Bezeichnungen von Sprachen:
हिन्दी „Hindi", उर्दू „Urdu", अंग्रेज़ी „Englisch", संस्कृत „Sanskrit".

2. Der Artikel

§ 123 Im Hindi gibt es keinen bestimmten oder unbestimmten Artikel. Jedes Substantiv muß also ins Deutsche dem Kontext entsprechend entweder als bestimmt oder als unbestimmt übersetzt werden: **कमरा** = „das Zimmer" und „ein Zimmer", **बच्चा** = „das Kind" und „ein Kind".

Manchmal wird als unbestimmter Artikel das Zahlwort **एक** „eins" oder das indefinite Pronomen **कोई** „irgendein" verwendet, z. B.:

एक शेर **एक** जंगल में रहता था। „Ein Löwe lebte in einem Wald."

बाहर **कोई** आदमी है। „Draußen steht ein Mann."

3. Der Numerus (वचन)

§ 124 Im Hindi unterscheidet man zwei Numeri: Singular (एकवचन) und Plural (बहुवचन). Manchmal wird an Substantive sowie an Personalpronomen das Wort लोग „Leute", „Menschen" angehängt, das die Mehrzahl unterstreicht und dann auch die Kasusendungen trägt: कवि लोग „die Dichter", कवि लोगों को „den Dichtern".

4. Der Kasus (कारक)

Im Hindi gibt es d r e i K a s u s: den Casus rectus (मूल रूप), den Casus obliquus (विकृत रूप) und den Vokativ (संबोधन कारक).

§ 125 Der Casus rectus (मूल रूप) tritt auf:

als Subjekt:

माँ रोटी बना रही है। „Die Mutter bäckt gerade Brot."

als direktes Objekt:

हरीश **पत्रा** ख़रीदने गया है। „Harisch ist weggegangen, um einen Kalender zu kaufen."

als Prädikatsnomen:

मेरा भाई **फ़िटर** है। „Mein Bruder ist Schlosser."

§ 126 Der einzige abhängige Fall im Hindi ist der Casus obliquus (विकृत रूप), der, von seltenen Ausnahmen abgesehen, **nicht** ohne eine Postposition verwendet wird. Nur mit ihrer Hilfe drückt er das Verhältnis eines Wortes zu anderen Wörtern im Satz aus:

कारख़ाने में „in der Fabrik", मेज़ों पर „auf den Tischen".

§ 127 Der Vokativ (संबोधन कारक) dient zur Anrufung einer Person:

अए लोगो! „He, ihr Leute!", अरे बहिनो! „O Schwestern!".

5. Die Deklination (संज्ञा का रूपांतर)

Maskuline und feminine Substantive werden im Hindi verschieden dekliniert. Der Hauptunterschied liegt dabei in der Bildung des Casus rectus pl. Der Casus obliquus pl. endet bei allen Wörtern auf --ओं. Man unterscheidet v i e r D e k l i n a t i o n s a r t e n: jeweils zwei maskuline und zwei feminine.

a) Die Deklination der maskulinen Substantive

§ 128 Alle männlichen Wörter auf **-आ** werden nach dem in der Tabelle II unter a) gegebenen Muster dekliniert. Im Singular wird im Casus obliquus anstelle des -आ ein -ए angefügt:

लड़का „der Knabe" — लड़के का „des Knaben".

Der Vokativ lautet im Singular wie der Casus rectus. Er kann aber auch anstelle des -आ ein -ए haben: अए लड़का !, अए लड़के ! „o Knabe!".

§ 129 Im Casus rectus pl. wird anstelle des -आ ein -ए gesetzt, im Casus obliquus pl. die Endung -ओं. Der Vokativ pl. endet auf -ओ: C. r.: लड़के „die Knaben", C. o.: लड़कों का „der Knaben", V.: अए लड़को ! „o Knaben!".

§ 130 Alle maskulinen Substantive auf **-आँ** haben die gleichen Deklinationsendungen wie die auf -आ, nur mit dem Unterschied, daß diese Endungen stets nasaliert sind: C. r. sg.: कुआँ „der Brunnen", C. o. sg.: कुएँ का „des Brunnens", C. r. pl.: कुएँ „die Brunnen", C. o. pl.: कुओं का „der Brunnen".

§ 131 Alle anderen maskulinen Substantive werden nach den in der Tabelle II unter b) aufgeführten Mustern dekliniert. Sie bleiben bis auf den Casus obliquus pl. und den Vokativ pl. unverändert. Im Casus obliquus pl. erhalten sie die Endung -ओं und im Vokativ pl. die Endung -ओ :

	Singular		Plural	
Casus rectus	मर्द	„Mann"	मर्द	„Männer"
Casus obliquus	मर्द का	„des Mannes"	मर्दों का	„der Männer"
Vokativ	अए मर्द !	„o Mann!"	अए मर्दो!	„o Männer!"

§ 132 Maskuline Substantive, die auf ein **-ई** oder **-ऊ** enden, verkürzen diese Vokale, sobald eine Endung an sie tritt. Nach -ई wird ein -य- eingeschoben:

आदमी „der Mensch" — आदमियों का „der Menschen" — अए आदमियो ! „o Menschen!", भालू „der Bär" — भालुओं का „der Bären" — अए भालुओ ! „o Bären!".

§ 133 Ebenso wie die in § 131 genannten Substantive werden auch alle Sanskritwörter und einige persische Wörter auf **-आ**, die eine handelnde Person (Nomen agentis) bezeichnen, dekliniert. Das Endungs-आ bleibt unverändert und die Endungen im Plural werden an dieses -आ angefügt. Zu diesen Wörtern gehören: राजा „Fürst", नेता „Führer", पिता „Vater", ख़ुदा „Gott", रहनुमा „Führer", गदा „Bettler", वक्ता „Redner", दादा „Großvater" (väterlicherseits), नाना „Großvater" (mütterlicherseits), मामा „Onkel" (mütterlicherseits), चाचा „Onkel" (väterlicherseits), u. a.

B e i s p i e l für den Plural (im Casus rectus bleiben sie unverändert): C. r.: नेता „die Führer", C. o.: नेताओं का „der Führer", V.: अए नेताओ ! „o Führer!".

§ 134 Alle Substantive, die Maße, Gewichte, Währungen, Zeit oder Entfernungen bezeichnen, werden selten in den Casus obliquus gesetzt und stehen selbst vor Postpositionen im Casus rectus:

यह काम दो घंटे में करो। „Verrichte diese Arbeit in zwei Stunden".

b) Die Deklination der femininen Substantive

§ 135 Feminine Substantive auf **-ई** werden nach dem Muster d) in Tabelle II dekliniert. Im Singular bleiben sie unverändert. Im Plural wird das -ई verkürzt und zwischen die Endung und den Stamm ein -य- eingeschoben. Im Casus rectus pl. wird die Endung -आँ angefügt. Die Endungen für den Casus obliquus und den Vokativ pl. sind die gleichen wie für die maskulinen Substantive unter b) in Tabelle II: C. r. sg.: मुर्ग़ी "das Huhn", c. r. pl.: मुर्ग़ियाँ "die Hühner", C. o. pl.: मुर्ग़ियों का "der Hühner", V. pl.: अए मुर्ग़ियो ! "o Hühner!".

§ 136 Alle anderen femininen Substantive sind im Singular ebenfalls unveränderlich. Im Plural gleicht der Casus obliquus und der Vokativ denen der anderen Substantive (s. Tabelle II d). Nur im Casus rectus pl. wird die Endung -एँ angefügt:

C. r. sg.: औरत „die Frau", C. r. pl.: औरतें „die Frauen",
C. o. pl.: औरतों का „der Frauen", V. pl.: अए औरतो ! „o Frauen!".

§ 137 Die gleiche Deklination haben auch feminine Substantive auf **-आ** wie दुनिया „Welt", हवा „Luft", दवा „Arznei", रिआया „Untertan", देवता „Gottheit" usw., die in jedem Fall dieses -आ behalten: हवा में „in der Luft", दवाएँ „Arzneien", रिआयाओं से „mit den Untertanen".

B. Das Adjektiv (विशेषण)

Im Hindi ist die Grenze zwischen Substantiv und Adjektiv nicht sehr scharf gezogen. Oft kann man nur aus den Wortverbindungen innerhalb eines Satzes entnehmen, zu welcher Wortart ein bestimmtes Wort gehört. Adjektive stehen gewöhnlich als Attribute oder Prädikatsnomen: **मीठी** खिचड़ी „süßer Brei", यह **कोट गर्म** है। „Dieser Mantel ist warm." Prinzipiell kann jedes im Wörterbuch als Adjektiv aufgeführte Wort auch als Substantiv auftreten, wird aber dann als ein solches behandelt.

Die Adjektive teilen sich in veränderliche und unveränderliche.

1. Die veränderlichen Adjektive (विकारी विशेषण)

§ 138 Die veränderlichen Adjektive enden in ihrer maskulinen Form auf **-आ** oder **-आँ** und in ihrer femininen Form auf **-ई** oder **-ईं**:

m.: छोटा लड़का „ein kleiner Knabe" — f.: छोटी लड़की „ein kleines Mädchen",

m.: दायाँ पाँव „rechtes Bein" — f.: दायीं ओर „rechte Seite"

Das veränderliche Adjektiv stimmt in Genus, Numerus und Kasus stets mit dem Substantiv überein, das durch dieses Adjektiv bestimmt wird.

§ 139 Die feminine Form der veränderlichen Adjektive auf **-ई** oder **-ईं** verändert sich weder im Singular noch im Plural und bleibt auch in den einzelnen Fällen die gleiche:

C. r. sg.: छोटी लड़की „ein kleines Mädchen"

C. o. sg.: छोटी लड़की की पुतली „die Puppe des kleinen Mädchens"

C. r. pl.: छोटी लड़कियाँ „kleine Mädchen"

C. o. pl.: छोटी लड़कियों की पुतलियाँ „die Puppen der kleinen Mädchen"

V. pl.: अए लड़कियो! „o kleine Mädchen!"

§ 140 Nur die maskuline oder männliche Form verändert im Casus obliquus sg. sowie in allen Fällen pl. das -आ in ein -ए und das -आँ in ein -एँ:

C. r. sg.: छोटा लड़का „ein kleiner Knabe"

C. o. sg.: छोटे लड़के को „dem kleinen Knaben"

C. r. pl.: छोटे लड़के „kleine Knaben"

C. o. pl.: छोटे लड़कों की पेन्सिलें „die Bleistifte der kleinen Knaben"
V. pl.: अए छोटे लड़को ! „o kleine Knaben!"

2. Die unveränderlichen Adjektive (अविकारी विशेषण)

§ 141 Die Zahl der unveränderlichen Adjektive ist groß. Sie bleiben unveränderlich unabhängig von Genus, Numerus und Kasus des zu bestimmenden Substantivs:

m.: जवान किसान „ein junger Bauer", जवान किसान को „dem jungen Bauern"
f.: जवान औरत „eine junge Frau", जवान औरत को „der jungen Frau"

§ 142 Zu den unveränderlichen Adjektiven gehören alle, die nicht auf ein -आ oder -आँ enden. Hinzu kommen noch einige unveränderliche Adjektive aus dem Arabischen und Persischen auf -आ wie: दाना „weise", „klug", ख़फ़ा „zornig", „böse", तनहा „einsam", जुदा „einzeln", उमदा „gut", „prächtig", रोज़ाना „täglich" u.a.

3. Die Komparation der Adjektive (विशेषणों की तुलना)

Eine Komparation, wie sie das Deutsche kennt, gibt es im Hindi nicht. Vergleiche werden mit Hilfe syntaktischer Mittel konstruiert.

§ 143 Um das stärkere oder geringere Vorhandensein einer Eigenschaft auszudrücken, werden den Eigenschaftswörtern bestimmte Adverbien und adverbiell verwendete Adjektive vorangestellt, zu denen gehören: बहुत „sehr", बड़ा „sehr", अत्यन्त „äußerst", अतिशय „äußerst", कुछ „ein wenig", अधिक „ziemlich", ज़्यादा „viel mehr", बिलकुल „völlig", और „noch", कम „weniger", बढ़कर „mehr", z. B.:

बहुत गर्म „sehr heiß", अधिक अनुकूल „angenehmer", और बड़ा „noch größer".

§ 144 Zur Betonung des stärkeren Vorhandenseins einer Eigenschaft wird auch ein Eigenschaftswort wiederholt: अच्छे २ फल „sehr gute Früchte", लम्बी लम्बी सड़क „eine lange, lange Straße" (s. hierzu auch § 87).

§ 145 Der **Komparativ** (उत्तरावस्था), bei dem zwei Gegenstände in bezug auf ihre Eigenschaft verglichen werden, wird mit Hilfe der Postpositionen से oder की अपेक्षा „als" gebildet, die hinter das Wort gesetzt werden, mit dem etwas verglichen werden soll. Der zu vergleichende Gegenstand oder die zu vergleichende Person ist das grammatische Subjekt im Satz. Das Adjektiv steht als Prädikativum beim Verb. Veränderliche Adjektive stimmen dabei in Genus und Numerus mit dem Wort überein, das den Gegenstand oder die Person bezeichnet, die verglichen wird:

भाई बहन से छोटा है। „Der Bruder ist kleiner als die Schwester."
बेइज़्ज़ती से मौत भली है। „Der Tod ist besser als Ehrlosigkeit."
यह यन्त्र पुराने यन्त्र की अपेक्षा कहीं अधिक उपयोगी सिद्ध होगा। „Dieses Instrument wird sich viel nützlicher als das alte erweisen."

§ 146 Der **Superlativ** (उत्तमावस्था) kann auf dreierlei Art und Weise gebildet werden:

a) Vor das Adjektiv wird **सब से** „von allen" gestellt:
सब से बड़ा आदमी „der größte Mensch"

b) Das Adjektiv wird wiederholt, wobei hinter das erste Wort, das im Casus obliquus steht, die Postposition **से** oder **का** gesetzt wird:
अच्छे से अच्छा, अच्छे का अच्छा „der beste"

c) Das Adjektiv wird hinter eine Anzahl von Gegenständen oder Personen gesetzt, die durch die Postpositionen **में** oder **में से** formiert wird:
इन लड़कों में से मोहन बड़ा है। „Mohan ist der größte von diesen Knaben."

§ 147 Manchmal werden bei Sanskritadjektiven auch die Sanskritsuffixe der Steigerung verwendet: **-तर** für den Komparativ und **-तम** für den Superlativ, z. B.: बलतर „stärker", प्रियतम „am liebsten".

§ 148 Ganz selten tritt im Hindi noch das Sanskritsuffix **-इष्ठ** bei Sanskritadjektiven für den Superlativ auf: धनी „reich" — धनिष्ठ „am reichsten".

§ 149 Bei aus dem Persischen entlehnten Adjektiven können auch persische Steigerungssuffixe verwendet werden: **-तर** für den Komparativ und **-तरीन** für den Superlativ: बद „schlecht" — बदतर „schlechter" — बदतरीन „am schlechtesten".

C. Das Numerale (संख्यावाचक विशेषण)

1. Die Kardinalzahlen (गणनात्मक, परिमाणबोधक oder गणनावाचक विशेषण)

§ 150 Die Grundzahlen bis 100 werden nicht nach allgemeinen Regeln gebildet, deshalb müssen sie voll aufgeführt werden:

0 — ० शून्य, सिफ़र
1 — १ एक
2 — २ दो
3 — ३ तीन
4 — ४ चार
5 — ५ पाँच
6 — ६ छः, छ
7 — ७ सात
8 — ८ आठ
9 — ९ नौ
10 — १० दस
11 — ११ ग्यारह
12 — १२ बारह
13 — १३ तेरह
14 — १४ चौदह
15 — १५ पंद्रह
16 — १६ सोलह
17 — १७ सत्तरह, सत्रह
18 — १८ अठारह
19 — १९ उन्नीस
20 — २० बीस
21 — २१ इक्कीस
22 — २२ बाईस
23 — २३ तेईस
24 — २४ चौबीस
25 — २५ पच्चीस
26 — २६ छब्बीस
27 — २७ सत्ताईस
28 — २८ अठाईस
29 — २९ उनतीस
30 — ३० तीस
31 — ३१ इकतीस
32 — ३२ बत्तीस
33 — ३३ तैंतीस, तेंतीस
34 — ३४ चौंतीस
35 — ३५ पैंतीस
36 — ३६ छत्तीस
37 — ३७ सैंतीस
38 — ३८ अड़तीस
39 — ३९ उनतालीस
40 — ४० चालीस
41 — ४१ इकतालीस
42 — ४२ बयालीस, बियालीस
43 — ४३ तेंतालीस
44 — ४४ चवालीस
45 — ४५ पैंतालीस
46 — ४६ छियालीस
47 — ४७ सैंतालीस
48 — ४८ अड़तालीस
49 — ४९ उनचास
50 — ५० पचास
51 — ५१ इकावन
52 — ५२ बावन
53 — ५३ तिरपन, त्रेपन
54 — ५४ चौवन
55 — ५५ पचपन
56 — ५६ छप्पन
57 — ५७ सत्तावन
58 — ५८ अठावन
59 — ५९ उनसठ
60 — ६० साठ
61 — ६१ इकसठ
62 — ६२ बासठ
63 — ६३ तिरसठ, त्रेसठ
64 — ६४ चौसठ
65 — ६५ पैंसठ
66 — ६६ छियासठ
67 — ६७ सरसठ
68 — ६८ अड़सठ
69 — ६९ उनहत्तर
70 — ७० सत्तर
71 — ७१ इकहत्तर
72 — ७२ बहत्तर
73 — ७३ तिहत्तर
74 — ७४ चौहत्तर
75 — ७५ पचहत्तर
76 — ७६ छिहत्तर, छियहत्तर
77 — ७७ सतहत्तर
78 — ७८ अठहत्तर
79 — ७९ उन्नासी, उनासी
80 — ८० अस्सी
81 — ८१ इक्यासी
82 — ८२ बयासी, बियासी
83 — ८३ तिरासी
84 — ८४ चौरासी
85 — ८५ पचासी
86 — ८६ छियासी
87 — ८७ सतासी
88 — ८८ अठासी
89 — ८९ नवासी
90 — ९० नव्वे, नब्बे
91 — ९१ इकानवे
92 — ९२ बानवे
93 — ९३ तिरानवे
94 — ९४ चौरानवे
95 — ९५ पचानवे
96 — ९६ छियानवे
97 — ९७ सत्तानवे
98 — ९८ अठानवे
99 — ९९ निनानवे
100 — १०० सौ

§ 151 Die Ziffern über 100 werden genau wie im Deutschen gebildet, indem nach den Hundertern die Zahlen unter Hundert folgen:

101 —	एक सौ एक	1 Million	— नियुत
496 —	चार सौ छियानवे	10 Millionen	— करोड़, कोटी
1 000 —	हज़ार, सहस्र	1 Milliarde	— अर्ब, अरब, अर्बुद
10 000 —	दस हज़ार	100 Milliarden	— खर्ब
100 000 —	लाख	10 Billionen	— नील
		1000 Billionen	— पद्म
		100 000 Billionen	— शंख

§ 152 Bei Ziffern, die 1099 übersteigen, werden die Tausender häufig in Hunderten ausgedrückt. Für Jahreszahlen ist dies, wie auch im Deutschen, unbedingt erforderlich: 1963 — १९६३ उन्नीस सौ तिरसठ.

§ 153 Die Kardinalzahlen sind unveränderlich:

दो हज़ार मज़दूरों की हड़ताल „der Streik von zweitausend Arbeitern"

§ 154 Die ungefähre Anzahl wird ausgedrückt durch:

a) besondere Adverbien mit der Bedeutung „ungefähr" wie

लगभग, क़रीबन, अनुमानतः, z. B.: लगभग (क़रीबन, अनुमानतः) पन्द्रह „ungefähr (ca.) 15"

b) das Pronomen **कोई** „irgendein": कोई तीन सौ „ungefähr (ca.) 300"

c) das Zahlwort **एक** „eins", das nach dem geforderten Zahlwort steht: दस एक „ca. zehn"

d) zwei Zahlwörter, die die annähernde Anzahl eingrenzen:

दस पंद्रह „zehn bis fünfzehn"

§ 155 Prozente werden wiedergegeben, indem das entsprechende Zahlwort vor die Wendung **फ़ी सद (सदी)** „von hundert", „Prozent" gesetzt wird:

बीस फ़ी सद (सदी) „20%" („zwanzig von hundert")

अड़तीस फ़ी सद (सदी) „38%" („achtunddreißig von hundert")

2. Die Ordinalzahlen (क्रमवाचक विशेषण)

§ 156 Die Ordinal- oder Ordnungszahlen werden mit Hilfe des Suffixes **-वाँ** gebildet, das an die letzte Kardinalzahl angefügt wird: पाँचवाँ „der fünfte", एक सौ दसवाँ „der einhundertzehnte".

Ausnahmen sind: पहला „der erste", दूसरा „der zweite", तीसरा „der dritte", चौथा „der vierte", छठा, छटा „der sechste".

§ 157 Die Ordinalzahlen werden wie veränderliche Adjektive dekliniert: पहले लड़के को „dem ersten Knaben", सातवीं मेज़ पर „auf dem siebenten Tisch".

3. Die Bruchzahlen (अपूर्ण, अपूर्णांकबोधक oder भिन्नात्मक विशेषण)

§ 158 Einige Bruchzahlen werden durch selbständige Wörter gebildet:

„ein Viertel" चौथाई, चौथ, पाव, पाओ
„drei Viertel" पौन, पौना
„ein Drittel" (एक) तिहाई
„zwei Drittel" दो तिहाई
„halb" आधा
„eineinhalb" डेढ़
„zweieinhalb" अढ़ाई, ढाई
„dreieinhalb" अहुठ.

§ 159 Spezielle Wörter gibt es auch für die Begriffe:

„mit einem Viertel" सवा, z. B.: सवा दो 2 1/4
„ohne ein Viertel" पौने, z. B.: पौने चार 3 3/4
„mit einer Hälfte" साढ़े, z. B.: साढ़े पाँच 5 1/2

§ 160 Mit Hilfe der in den Paragraphen 158 und 159 aufgeführten Bruchzahlen werden in der Regel die Hunderter und Tausender, die Zeit- und Preisangaben ausgedrückt:

पौने तीन सौ „275", डेढ़ हज़ार „1500", सवा छ „6.15 Uhr", ढाई रुपये „2,50 Rupien".

§ 161 Die Bruchzahlen आधा „halb" und पौना „dreiviertel" werden wie veränderliche Adjektive dekliniert:

आधे रास्ते में „auf halbem Wege", पौनी रात „Dreiviertel der Nacht".

§ 162 Andere Konstruktionen zur Bezeichnung von Bruchzahlen:

पाँचवाँ हिस्सा (भाग) „ein Fünftel", दो पूर्णांक तीन सप्तमाश „2 3/7", चार बाँटे नौ „4/9", दशमलव तीन „0,3" (buchstäblich: „der Zehnerteile drei").

4. Die Verteilungszahlen (समुदयवाचक विशेषण)

§ 163 Verteilungszahlen werden von den Numeralien zwei bis zehn gebildet, indem an die Kardinalzahl die Endung -ओं angefügt wird. Nur bei dem Zahlwort दो wird noch ein -न- eingeschoben: दोनों „beide", तीनों „alle drei", „zu dritt", चारों „alle vier", „zu viert", usw.

§ 164 Dasselbe Suffix **-ओं** bildet von den Zahlwörtern **बीसी** „Zwanziger“, **सैकड़ा** „Hunderter“, हज़ार „tausend“, लाख „hunderttausend“, करोड़ „zehn Millionen“ Formen der unbestimmten Vielheit: **बीसियों** „Zwanziger“, **सैकड़ों** „Hunderte“, हज़ारों „Tausende“, **करोड़ों** „Millionen“.

5. Die Vervielfältigungszahlen (आवृत्तिवाचक विशेषण oder समानुपातीय विशेषण)

§ 165 Die Vervielfältigungszahlen werden mit Hilfe des Suffixwortes **-गुना** „-fach“ gebildet, das an die Kardinalzahlen angefügt wird. Die Stämme दो „zwei“, तीन „drei“ und चार „vier“ verändern sich dabei:

दुगुना , दूना, दुगना „zweifach“, „zwiefach“, तिगुना „dreifach“, चौगुना „vierfach“, weiterhin regelmäßig: पाँचगुना „fünffach“, छगुना „sechsfach“ usw.

§ 166 Die Vervielfältigungszahlen werden wie Adjektive dekliniert:

दुगुना मूल्य „zweifacher Preis“, चौगुनी पैदावार „vierfache Produktion“.

D. Das Pronomen (सर्वनाम)

Die Pronomen teilen sich in solche, die als Substantive auftreten, d. h. im Satz ein Substantiv ersetzen, und in solche, die als Adjektive auftreten, also im Satz ein Adjektiv ersetzen. Viele von ihnen können sowohl substantivisch als auch adjektivisch verwendet werden.

§ 167 Die substantivisch verwendeten Pronomen haben folgende Besonderheiten: Der Casus obliquus tritt häufig in zwei verschiedenen Formen auf, die sich beide vom Casus rectus unterscheiden, z. B.: **मैं** „ich“ — **मेरा** „mein“ — **मुझ** से „von mir“. Für den Casus obliquus mit der Postposition को kann eine besondere Form ohne Postposition, der Objektfall gleichwertig verwendet werden. Dieser endet im Singular auf **-ए** und im Plural auf **-एँ** (**-हें**), z. B.: वह „er“ — उस को und **उसे** „ihm“, उन को und **उन्हें** „ihnen“. Einige Pronomen nehmen eine besondere Form vor der Postposition ने an, die Ergativform, z. B.: यह „er“, „dieser“ — **इन्हों ने** (pl.) „sie“, „diese“. Kein Pronomen hat einen besonderen Vokativ. An seiner Stelle wird der Casus rectus verwendet. Zu den nur substantivisch auftretenden Pronomen gehören die Personalpronomen und die Reflexivpronomen.

§ 168 Die nur adjektivisch auftretenden Pronomen sind in der Regel von substantivischen Pronomen abgeleitet, z. B.: von यह „er", „dieser" — ऐसा „solcher", von क्या ? „was?" — कितना ? „wie viele?", von जो „der", „welcher" — जितना „so viele", von हम „wir" — हमारा „unser" usw. Sie werden wie Adjektive behandelt.

§ 169 Viele Pronomen treten sowohl substantivisch als auch adjektivisch auf. Zu ihnen gehören die Demonstrativpronomen, die Interrogativpronomen, die Relativpronomen, die Indefinitpronomen und die Definitpronomen. Wenn sie substantivisch gebraucht werden, haben sie die Besonderheiten der substantivischen Pronomen (s. § 167). Je nach der Rolle, die sie im Satz spielen — ob substantivisch oder adjektivisch verwendet —, werden sie behandelt, z. B.:

वह „er", „sie", „es" (substantivisch): **वह** आ रहा है। „Er kommt".

वह „jener" (adjektivisch): **वह** औरत कमरे में गयी। „Jene Frau ging ins Zimmer."

1. Die Personalpronomen (पुरुषवाचक सर्वनाम)

§ 170 Im Hindi gibt es nur für die erste und die zweite Person Personalpronomen. In der dritten Person (अन्य पुरुष) werden die Demonstrativpronomen **यह** „dieser" für einen näherstehenden Gegenstand oder eine näherstehende Person gebraucht und **वह** „jener" für entferntere (s. §§ 187—193).

Die Personalpronomen lauten:

मैं „ich", तू „du", हम „wir", तुम „ihr", आप „Sie"

§ 171 Anstelle des Personalpronomens der 1. Person sg. मैं „ich" wird manchmal auch der Plural हम „wir" verwendet:

हम आये हैं। „Ich bin gekommen".

§ 172 Mit dem Personalpronomen der 2. Person sg. **तू** „du" werden nur besonders nahestehende Personen und Gott angesprochen. Es wird aber auch verwendet, wenn man zu jemandem ausgesprochen grob und unhöflich sein möchte.

§ 173 Im Umgang mit Freunden und Gleichgestellten verwendet man anstelle des Singulars den Plural der 2. Person **तुम** „ihr".

§ 174 Für die höfliche Anrede wird **आप** „Sie" (आदरसूचक सर्वनाम) verwendet. आप steht wie im Deutschen stets mit der 3. Person pl.:

क्या आप ज़रूर हमारे पास आयेंगे ? „Werden Sie uns bestimmt besuchen?"

आप ist unveränderlich. Sein Casus rectus wie auch der Casus obliquus lauten **आप**, z. B.: **आप को** „Ihnen", „Sie", **आप में** „in Ihnen". Als Possessivpronomen wird der Casus obliquus mit der Postposition **का, के, की** verwendet: आप का घर „Ihr Haus", आप की पुस्तक „Ihr Buch", आप के घर में „in Ihrem Haus".
Manchmal wird **आप** auch anstelle von वह „er", „sie", „es" verwendet, wenn man ehrerbietig von einer abwesenden Person spricht:

तुलसीदासजी हिन्दी के विख्यात कवि थे। आप ने रामचरितमानस लिखा।
„Tulsidas war ein berühmter Hindidichter. Er schrieb den 'Ramtscharitmanas'."

§ 175 Um bei mehreren Personen den Plural zu unterstreichen, wird an हम, तुम und आप häufig das Wort **लोग** gehängt: हम लोग „wir (alle)", तुम लोग „ihr (alle)", आप लोग „Sie (alle)".

§ 176 Mit der Postposition **ने** steht bei den Personalpronomen der Casus rectus: मैं ने, तू ने, हम ने, तुम ने, आप ने.
Nur wenn die Personalpronomen eine Apposition bei sich haben, treten sie vor ने in den Casus obliquus:

तुझ हिलाबाज़ ने कैसे किया? „Was tatest du Schelm?"
मुझ कमबख़्त ने कहा। „Ich Armer sagte."

§ 177 Die Deklination der Personalpronomen:

Kasus	1. Person (उत्तम पुरुष)		2. Person (मध्य पुरुष)	
	Singular	Plural	Singular	Plural
Casus rectus	मैं „ich"	हम „wir"	तू „du"	तुम „ihr"
Casus obliquus	मुझ	हम	तुझ	तुम
Objektfall	मुझे „mir", „mich"	हमें „uns"	तुझे „dir", „dich"	तुम्हें „euch"

§ 178 Die Personalpronomen haben emphatische Formen, die im Casus rectus mit Hilfe der emphatischen Partikel **ही** gebildet werden. Im Casus obliquus verschmilzt diese mit dem Pronomen unter Wegfall des ह und im Plural bildet sie- ईं. Die emphatischen Formen der Personalpronomen lauten: मैं ही „ausgerechnet (gerade, nur) ich“, मुझी को „ausgerechnet (gerade, nur) mir (mich)“, तू ही „ausgerechnet (gerade, nur) du“, तुझी को „ausgerechnet (gerade, nur) dir (dich)“, हम ही „ausgerechnet (gerade, nur) wir“, हमीं को „ausgerechnet (gerade, nur) uns“, तुम ही „ausgerechnet (gerade, nur) ihr“, तुम्हीं को „ausgerechnet (gerade, nur) euch“.

§ 179 Mit den Personalpronomen tritt nie die Postposition का, के, की auf. An ihrer Stelle werden stets die Possessivpronomen verwendet (s. auch § 181).

2. Die Possessivpronomen (सम्पत्तिवाचक सर्वनाम)

§ 180 Die Possessivpronomen lauten[1]:

मेरा „mein“, हमारा „unser“, तेरा „dein“, तुम्हारा „euer“, अपना (s. § 182). Sie werden wie veränderliche Adjektive dekliniert: मेरा घर „mein Haus“, हमारी बहन „unsere Schwester“, तेरे बाप की दफ़्तर „das Büro deines Vaters“.

§ 181 Die Possessivpronomen treten an die Stelle der Personalpronomen, wenn auf diese eine mit के oder की zusammengesetzte Postposition folgt. Die Postposition verliert dabei dieses के oder की und das Possessivpronomen nimmt die entsprechende Genusendung an:

के पास „bei“ — तुम्हारे पास „bei euch“
की ओर (तरफ़) „in Richtung“ — मेरी ओर „zu mir“, „in meine Richtung“

§ 182 Wenn ein Possessivpronomen im Satz zur selben Person gehört, wie die im Subjekt ausgedrückte, dann wird stets das Possessivpronomen **अपना** verwendet:

मैं अपने दोस्त के पास जाता हूँ। „Ich gehe zu meinem Freund“.

Aber:

वह मेरे दोस्त के पास जाता है। „Er geht zu meinem Freund“.

3. Die Reflexivpronomen (निजवाचक सर्वनाम)

§ 183 Das Reflexivpronomen **आप** „selbst“ ist unveränderlich und wird nur im Casus rectus verwendet. Für den Casus obliquus

[1] Zu den Possessivpronomen der 3. Person s. §§ 189 und 205.

nimmt man das Possessivpronomen **अपना**, z. B.: **अपने को** „sich selbst", **अपने लिये** „für sich selbst".
Häufig setzt man auch beide Formen zusammen:

अपने आप से „von sich selbst", **अपने आप में** „in sich selbst".

§ 184 Die genaue Übersetzung von **अपना** hängt vom Subjekt ab, da es für alle drei Personen in Singular und Plural verwendet wird:

मैं ने यह किताब अपने लिये ले ली। „Ich nahm das Buch für mich."

main ne yah kitab apne

तू अपने भाई को मेरी क़लम दे रहा है। „Du gibst deinem Bruder meine Feder".

tu apne bhai ko

§ 185 Im Plural tritt mit den Postpositionen **का** und **में** im Casus obliquus die Form **आपस** auf: **आपस का** „gegenseitig", **आपस में** „untereinander".

§ 186 Außerdem wird sehr häufig das aus dem Persischen entlehnte, unveränderliche Pronomen **ख़ुद** „selbst" oder auch das aus dem Sanskrit stammende **स्वयं** „selbst" verwendet. In Ausdrücken wie „mein", „dein", „sein" usw. „eigener" steht **ख़ुद** vor dem Possessivpronomen: **ख़ुद मेरा घर** „mein eigenes Haus", aber **अपना** danach: **मेरा अपना घर** „mein eigenes Haus".

4. Die Demonstrativpronomen

(**निर्देशक**, **निश्चयवाचक** oder **संकेतवाचक सर्वनाम**)

§ 187 Die Demonstrativpronomen **यह** und **वह** werden sowohl adjektivisch als auch substantivisch verwendet. Adjektivisch haben sie die Bedeutung „dieser", „diese", „dieses" (**यह**) und „jener", „jene", „jenes" (**वह**). Substantivisch ersetzen sie das fehlende Personalpronomen der 3. Person „er", „sie", „es".
Für nähergelegene Gegenstände und Personen verwendet man **यह** „dieser", „diese", „dieses" bzw. „er", „sie", „es" und für entferntere **वह** „jener", „jene", „jenes" bzw. „er", „sie", „es". Beide bilden auch eine emphatische Form mit der Partikel **ही** - **यही** „gerade (ausgerechnet, nur) dieser, diese, dieses, er, sie, es" und **वही** „gerade (ausgerechnet, nur) jener, jene, jenes, er, sie, es".

§ 188 Die Deklination der Demonstrativpronomen:

a) **यह** „er“, „sie“, „es“; „dieser“, „diese“, „dieses“:

Kasus	Singular		Plural	
	einfach	emphatisch	einfach	emphatisch
Casus rectus	यह	यही	यह, ये	यही, ये ही
Casus obliquus	इस	इसी	इन	इन्हीं
Objektfall	इसे	—	इन्हें	—
Ergativform	wie C. o.	wie C. o.	इन्हों	wie C. o.

b) **वह** „er“, „sie“, „es“; „jener“, „jene“, „jenes“:

Kasus	Singular		Plural	
	einfach	emphatisch	einfach	emphatisch
Casus rectus	वह	वही	वह, वे	वही, वे ही
Casus obliquus	उस	उसी	उन	उन्हीं
Objektfall	उसे	—	उन्हें	—
Ergativform	wie C. o.	wie C. o.	उन्हों	wie C. o.

§ 189 यह und वह in der substantivischen Verwendung von „er“, „sie“, „es“ haben keine Possessivpronomen, an ihrer Stelle wird der Casus obliquus mit der Postposition का verwendet: इस का, उस का (Singular) „sein“, „ihr“, इन का, उन का (Plural) „ihr“.

§ 190 Streng zu unterscheiden sind beide Pronomen in ihrer substantivischen Verwendung als Personalpronomen der 3. Person und in ihrer adjektivischen Verwendung als Demonstrativpronomen:

substantivisch		adjektivisch	
उस के घर में	„in seinem — (ihrem) Haus“	उस घर में	„in jenem Haus“
इस की मेज़ पर	„auf seinem — (ihrem) Tisch“	इस मेज़ पर	„auf diesem Tisch“

§ 191 Manchmal werden für वह auch die veralteten Pronomen **सो** und **तौन** „er“, „sie“, „es“; „jener“, „jene“, „jenes“ verwendet:

	Singular	Plural
Casus rectus	सो, तौन	सो, तौन
Casus obliquus	तिस	तिन
Objektfall	तिसे	तिन्हें
Ergativform	wie C. o.	तिन्हों

§ 192 Das Naheliegende wird noch durch folgende adjektivische Pronomen und Adverbien angegeben, die von यह abgeleitet sind:

a) Die hinweisende Eigenschaft gibt das veränderliche Adjektiv ऐसा „solch“, „solch ein“ an.

b) Die Anzahl der Gegenstände, ihre Masse usw. wird durch das veränderliche Adjektiv इतना „so viel“ ausgedrückt.

c) Auf den naheliegenden Ort und die Richtung weisen die Adverbien यहाँ und इधर „hier“, „hierhin“, „hierher“ hin. Die emphatische Form von यहाँ lautet यहीं „gerade hier“.

d) Auf die Zeit weist अब „jetzt“ hin. Emphatisch lautet es अभी „sofort“, „jetzt“.

e) Die Art und Weise wird durch यों „so“ (emphatisch: यों ही „gerade so“) und durch ऐसे „so“ ausgedrückt.

§ 193 Das Fernerliegende wird noch durch folgende Pronomen und Adverbien angegeben, die von वह oder तौन abgeleitet sind:

a) Auf die Eigenschaft weisen hin: वैसा (v.) „solch“, „solch ein“, तैसा (v., wenig gebräuchlich) „solch“.

b) Auf die Anzahl, die Menge weist उतना (v.) „so viel“ hin.

c) Auf den Ort, die Richtung weisen वहाँ (emphatisch वहीं), उधर „dort“, „dorthin“ hin.

d) Auf die Zeit weist तब „damals“ (emphatisch तभी) hin.

e) Auf die Art und Weise weisen वों, त्यों (तों), emphatisch: वों ही, त्यों ही „so“ und वैसे „so“ hin.

5. Die Interrogativpronomen (प्रश्नार्थक oder प्रश्नवाचक सर्वनाम)

§ 194 Nach einer Person fragt man mit Hilfe des Fragefürwortes **कौन?** „wer?“ und nach einem Gegenstand mit Hilfe von **क्या?** „was?“, „welcher?“, z. B.:

बाहर कौन है ?	„Wer ist draußen?“
संदूक़ में क्या है ?	„Was ist in der Kiste?“

Beide haben die gleiche Deklination:

	Singular	Plural
Casus rectus	कौन, क्या	कौन, क्या
Casus obliquus	किस	किन
Objektfall	किसे	किन्हें
Ergativform	wie C. o.	किन्हों

§ 195 क्या kann auch als adjektivisches Fragewort in der Bedeutung von „was für ein?“, „welcher?“ auftreten, z. B.: क्या किताब ? „was für ein Buch?“, किस कुरसी पर ? „auf welchem Stuhl?“.

§ 196 Zu den Interrogativpronomen gehören noch folgende Adjektive und Adverbien, die von कौन oder क्या abgeleitet sind:

a) Nach einer Eigenschaft fragen कैसा (v.) und कौनसा (v.) „welch?“, „was für ein?“.

b) Nach der Anzahl und der Menge fragt कितना (v.) „wieviel?“.

c) Nach dem Ort und der Richtung fragen कहाँ und किधर „wo?“, „wohin?“.

d) Nach der Zeit fragt कब „wann?“.

e) Nach der Art und Weise und dem Grund fragen कैसे „wie?“ und क्यों „warum?“, „weshalb?“.

6. Die Relativpronomen (संबंधवाचक सर्वनाम)

§ 197 Das Relativpronomen **जो** „derjenige“, „welcher“ und das sehr seltene **जौन** weisen auf eine Person oder einen Gegenstand hin, über die in einem Nebensatz etwas ausgesagt wird. Entweder werden sie substantivisch verwendet oder sie stehen als Attribut vor dem Wort, über das der Nebensatz etwas aussagt. Im letzteren Falle leiten sie den Nebensatz ein, und im Hauptsatz steht an der entsprechenden Stelle das Demonstrativpronomen वह, z. B.:

s u b s t a n t i v i s c h :

उस किताब को **जो** मेज़ पर है मैं लाया हूँ। „Das Buch, das auf dem Tisch liegt, habe ich gebracht.“

a d j e k t i v i s c h:

जो आदमी बाहर है उसको बुलाओ। „Rufe den Mann, der draußen steht„.

§ 198 Die Deklination der Relativpronomen:

	Singular	Plural
Casus rectus	जो, जौन	जो, जौन
Casus obliquus	जिस	जिन
Objektfall	जिसे	जिन्हें
Ergativform	wie C. o.	जिन्हों

§ 199 Von जो sind folgende Pronomen und Adverbien abgeleitet:

a) Auf die Eigenschaft bezieht sich das veränderliche Adjektiv **जैसा** „welcher".

b) Auf die Anzahl oder Menge bezieht sich **जितना** (v.) „so viel, wie".

c) Auf den Ort und die Richtung bezieht sich **जिधर** „da, wo".

d) Auf die Zeit bezieht sich **जब** „als".

e) Auf die Art und Weise beziehen sich **जैसे** und **ज्यों** „so wie".

7. Die Indefinitpronomen (अनिश्चयवाचक सर्वनाम)

§ 200 Von den Indefinitpronomen wird **कोई** „irgendjemand", „irgendein" für Personen und Sachen verwendet. Es hat nur einen Casus obliquus sg. — किसी, z. B.: किसी का „irgendjemandes", किसी को „irgendjemandem", „irgendjemanden". Besondere Formen gibt es von कोई nicht. Der Plural ist nicht vorhanden.

§ 201 कोई wird substantivisch und adjektivisch verwendet:

s u b s t a n t i v i s c h:

किसी से पूछिये। „Fragen Sie jemanden."

a d j e k t i v i s c h:

किसी पुस्तक में लिखा गया होगा। „Es wird in irgendeinem Buch stehen".

§ 202 Von den Indefinitpronomen sind abgeleitet:

a) Pronomen, die eine unbestimmte Anzahl oder Menge angeben, wie कई (uv.) „einige", „mehrere", und कुछ (uv.) „ein wenig", z. B.: कई आदमी „einige Menschen", कुछ नमक „ein wenig Salz".

b) Adverbien, die einen unbestimmten Ort oder eine unbestimmte Richtung angeben: कहीं „irgendwo", „irgendwohin".

c) Das Adverb कभी „irgendwann“, das eine unbestimmte Zeit angibt.

8. Die Definitpronomen (निश्चित सर्वनाम)

§ 203 Das Definitpronomen **सब** „alle“, „alles“ gibt die umfassende Menge an. Es wird substantivisch und adjektivisch verwendet und ist unveränderlich. Nur beim substantivischen Gebrauch kann im Casus obliquus pl. सबों auftreten. Die emphatische, unveränderliche Form heißt सभी „all“, für die manchmal im Casus obliquus pl. सभों verwendet wird.

§ 204 Andere Definitpronomen sind:

सब कुछ (uv.) „alles“, „alles ohne Ausnahme“, तमाम (uv.) „alle“, „all“, हर (uv.) „jeder“, हर एक (uv.) „jeder beliebige“, प्रत्येक (uv.) „jeder“, सारा (v.) „all“.

9. Bemerkungen zu den Pronomen

§ 205 Alle Possessivpronomen mit Ausnahme der Personalpronomen und des Reflexivpronomens आप werden von den entsprechenden Pronomen mit Hilfe des Casus obliquus und der Postposition का, के, की gebildet, z. B.: von वह „er“, „sie“, „es“ = उस का „sein“, „ihr“, von कौन ? „wer?“ = किस का ? „wessen?“ usw.

§ 206 Negative Pronomen gibt es im Hindi nicht. Ihnen entsprechen die Indefinitpronomen mit dem verneinten Prädikat, z. B.:

कोई न आया। „Niemand kam.“
वह **कहीं नहीं** गयी। „Sie ging nirgendwohin.“
आशा ने हम को **कोई** चिट्ठी **नहीं** लिखी। „Ascha schrieb uns keinen Brief.“

§ 207 Folgende pronominale Zusammensetzungen sind gebräuchlich:

ज्यों ही „sofort als“
ज्यों ज्यों ... त्यों त्यों „je mehr ... umso“
जहाँ तहाँ „hier und dort“, „überall“
ज्यों त्यों „so und so“. „irgendwie“
जहाँ कहीं „wo auch immer“
जब कभी „wann auch immer“
कुछ न कुछ „wenigstens etwas“
कहीं न कहीं „wenigstens irgendwo“
कभी न कभी „irgendwann einmal“

जहाँ का तहाँ „dort, wo man war"; „am selben Ort"

ज्यों का त्यों „in derselben Lage"

जो कुछ (भी) „was auch"; „alles, was"

कोई न कोई, C. o.: किसी न किसी „wenigstens jemand"

जो कोई, C. o.: जिस किसी „wer auch"

E. Das Verb (क्रिया oder क्रियापद)

Das Verb bildet infinite (unpersönliche) und finite (persönliche) Formen. Die finiten Formen verändern sich nach Person, Genus (teilweise), Numerus, Tempus, Modus und Genus verbi. Von den infiniten Formen wird nur der Infinitiv durch das Genus verbi beeinflußt, das Partizip durch das Tempus, den Numerus und das Genus. Der Begriff des Tempus ist im Hindi stets mit dem Aspekt verbunden, der auf das Andauern oder das Abgeschlossensein einer Handlung, eines Vorganges oder Zustandes hinweist.

Es gibt im Hindi drei Personen (die erste, die zweite und die dritte), zwei Numeri (Singular und Plural), zwei Genera (maskulines und feminines), zehn Tempora (generelles Präsens, duratives Präsens, Präteritum, duratives Imperfekt, generelles Imperfekt, Perfekt, Plusquamperfekt, Futur I, Futur II und Futur III), fünf Modi (Imperativ, Optativ, Indikativ, Konjunktiv und Konditional), zwei Genera verbi (Aktiv und Passiv). Von den infiniten Formen werden gebildet: Infinitiv, Stamm, Nomen agentis, Intentionspartizip, einfaches imperfektives und einfaches perfektives Partizip, zusammengesetztes imperfektives und zusammengesetztes perfektives Partizip, duratives, kompletives und passives Partizip sowie Absolutiv.

1. Infinite Formen[1]

a) Der Infinitiv (क्रियार्थक संज्ञा)

§ 208 Der Infinitiv bezeichnet nur den Prozeß einer Handlung oder das Bestehen eines Zustandes, ohne auf die Zeit seines Verlaufs und

---

[1] Eine Zusammenfassung aller infiniten Formen des Aktivs und des Passivs ist in Tabelle III zu finden.

das Agens hinzuweisen. Er stellt die abstrakte und unbeschränkte Idee einer Handlung dar. Diese Form wird gewöhnlich in den Wörterbüchern als Grundform angegeben. Im Hindi endet er auf **-ना** und hat verbale, substantivische und adjektivische Eigenschaften.

§ 209 Die verbalen Eigenschaften erlauben ihm, direkte und indirekte Objekte zu regieren, adverbiale Bestimmungen zu haben und durch die Verneinungspartikeln नहीं, न, मत, die gewöhnlich nur beim Verb stehen, negiert zu werden. Der Infinitiv tritt oft auch als Imperativ auf (s. § 247).

Beispiele:

उसे अब इस घर में एक पल भी **रहना** मुश्किल हो रहा था। „Jetzt fiel es ihm schwer, auch nur einen Augenblick lang in diesem Hause zu bleiben."

इतवार को किताब **लाना** न भूलो! „Vergiß nicht, am Sonntag das Buch mitzubringen!"

वह माँ को **छोड़ना** नहीं चाहता। „Er wollte die Mutter nicht verlassen."

चाचा के साथ **रहना** देवदत्त को भाता नहीं। „Es gefiel Dewdatta nicht, mit dem Onkel zusammen zu leben."

§ 210 Durch seine substantivischen Eigenschaften kann der Infinitiv als maskulines, verbales Substantiv auftreten, das sich zwar nicht im Numerus, aber im Kasus verändert, das durch eine Postposition regiert werden und sich Attribute, dargestellt durch Adjektive oder Substantive mit der Postposition का, के, unterordnen kann, z. B.:

यह पानी **पीने योग्य** है। „Dieses Wasser ist zum Trinken geeignet."

उस के जाने से मुझे दुःख हुआ। „Sein Weggang betrübte mich sehr."

§ 211 Die adjektivischen Eigenschaften des Infinitivs treten bei Wendungen zutage, die „müssen", „sollen" ausdrücken. Dafür werden die Verben होना „sein", पड़ना „fallen" und der Optativ des Verbs चाहना „wünschen" = चाहिये „wünschenswert"[1] verwendet. Hier stimmt der

---

[1] Der Optativ **चाहिये** „wünschenswert" tritt nur in der Gegenwart und in der Vergangenheit mit था, थे, थी auf:

Gegenwart: उसको जाना **चाहिये।** „Er muß gehen."

Vergangenheit: उसको जाना **चाहिये था।** „Er mußte gehen."

Infinitiv mit dem direkten Objekt in Genus, Kasus und Numerus überein. Fehlt das direkte Objekt oder ist das Verb intransitiv, dann endet der Infinitiv unverändert auf -ना. Diese Form des Infinitivs wird häufig Gerundiv (**क्रियार्थक विशेषण**) genannt, da sie die Funktionen eines Verbaladjektivs erfüllt. Das logische Subjekt dieser Konstruktion steht stets mit der Postposition **को** als indirektes Objekt.

Beispiele:

आप को कहाँ **जाना है**? „Wohin müssen Sie gehen?“
मुझ को एक चिट्ठी **लिखनी चाहिये**। „Ich muß einen Brief schreiben.“
तुम को यह बर्तन **धोना पड़ेगा**। „Du wirst das Geschirr abwaschen müssen.“

§ 212 Eine außergewöhnliche Verwendung findet das Gerundiv in folgenden, allerdings seltenen Fällen:

उस ने किताब **पढ़नी** शुरू की। „Er fing an, das Buch zu lesen.“
उन्हों ने बातचीत **करनी** मंज़ूर की। „Sie gaben ihr Einverständnis zu Verhandlungen.“

b) Der Stamm (**मूल रूप**, **मूल शब्द** oder **धातु**)

§ 213 Der Stamm wird gebildet, indem man vom Infinitiv das Morphem -ना abtrennt. Von ihm werden mehrere infinite und finite Verbformen abgeleitet.

Infinitiv		Stamm
बोलना	„sprechen“	बोल
उड़ना	„fliegen“	उड़
रोना	„weinen“	रो

§ 214 Theoretisch kann der Stamm eines jeden Verbs auch als abstraktes, feminines Substantiv auftreten, z. B.: **पूछ** „Verhör“, **समझ** „Verständnis“, „Verstand“, **खोज** „Suche“, **डर** „Furcht“, „Angst“, **माँग** „Forderung“, **लूट** „Raub“, „Raubzug“.
Einige, wie z. B. **खेल** „Spiel“, „Vergnügen“, **बोल** „Sprechen“ u. a. sind maskulin.

Allerdings werden nicht alle Verbstämme als Substantive verwendet.

c) Das Nomen agentis (कर्तृवाचक कृदंत)

§ 215 Das Nomen agentis bezeichnet eine Person, die eine Handlung ausführt. Es wird mit Hilfe des Morphems **-वाला** gebildet, das an den Casus obliquus des Infinitivs angefügt wird, z. B.:

सुननेवाला	„der Zuhörer"	पढ़नेवाला	„der Leser"
बोलनेवाला	„der Sprecher"	लिखनेवाला	„der Schreiber"
देखनेवाला	„der Zuschauer"		

Es kann auch als Attribut zu einem Substantiv verwendet werden:

मछली पकड़नेवाले लड़के „die Fische fangenden Knaben"

Meist tritt das Nomen agentis als Substantiv auf und wird wie ein Substantiv auf -आ dekliniert, z. B.: रहनेवाला „der Einwohner" — रहनेवाले को „dem Einwohner" — रहनेवालों में से „von den Einwohnern".
Bei weiblichen Personen wird das Endungs -आ durch ein **-ई** ersetzt: सुननेवाली „die Zuhörerin", लिखनेवाली „die Schreiberin".

d) Das Intentionspartizip (कर्तृवाचक कृदंत)

§ 216 Das Intentionspartizip wird genau so gebildet wie das Nomen agentis. Es bezeichnet eine Handlung, deren Verwirklichung beabsichtigt ist:

जानेवाला „zum Gehen bereit", „in der Absicht zu gehen"
आनेवाला „zum Kommen bereit", „in der Absicht zu kommen"
मारनेवाला „zum Schlagen bereit", „in der Absicht zu schlagen".

§ 217 Der Unterschied zum Nomen agentis tritt erst im Satz zutage. Das Intentionspartizip wird nur als Prädikatsnomen verwendet:

Nomen agentis:
सुननेवाले बैठते हैं। „Die Zuhörer sitzen."

Intentionspartizip:
कल मैं **जानेवाला** हूँ। „Morgen will ich fahren."
वह अभी अभी **आनेवाला** है। „Er muß jeden Augenblick kommen."

e) Die einfachen Partizipien (कृदन्त)

Vom Stamm des Verbs werden das einfache imperfektive und das einfache perfektive Partizip gebildet.

§ 218 Das einfache imperfektive Partizip (**वर्त्तमानकालिक कृदन्त**) wird gebildet, indem an den Stamm die Endung **-ता** angehängt wird. Es hat aktivische Bedeutung, z. B.:

सुनना „hören" — सुनता „hörend"
लिखना „schreiben" — लिखता „schreibend"
मारना „schlagen" — मारता „schlagend"
गिरना „fallen" — गिरता „fallend"
रहना „bleiben" — रहता „bleibend"

§ 219 Das einfache perfektive Partizip (**भूतकालिक कृदन्त**) wird gebildet, indem an den Stamm die Endung **-आ** angehängt wird. Dieses Partizip hat bei intransitiven Verben aktivische und bei transitiven Verben in der Regel passivische Bedeutung.

Intransitiv:
उड़ना „fliegen" — उड़ा „geflogen (seiend)"
चलना „sich bewegen" — चला „sich bewegt habend"
Transitiv:
सुनना „hören" — सुना „gehört"
मारना „schlagen" — मारा „geschlagen"

§ 220 Wenn der Stamm auf ein **-आ**, **-ओ** oder **-ए** auslautet, wird bei der Bildung des einfachen perfektiven Partizips zwischen ihn und die Endung **-आ** ein **-य-** eingeschoben, z. B.:

बुलाना „rufen" — बुलाया „gerufen"
सोना „schlafen" — सोया „geschlafen habend"
खेना „rudern" — खेया „gerudert habend"

§ 221 Wenn der Stamm auf ein **-ई** auslautet, dann tritt dieses vor den maskulinen Endungen **-आ**, **-ए** in der Form **-इय** auf. Mit der femininen Endung **-ई** verschmilzt es zu einem **-ई**:

Infinitiv		Partizip		
		m.	f.	
पीना	„trinken"	पिया	पी	„getrunken habend"
सीना	„nähen"	सिया	सी	„genäht"

§ 222 Wenn der Stamm auf ein -ऊ auslautet, wird dieses -ऊ bei Antritt der Endung des einfachen perfektiven Partizips verkürzt:

Infinitiv		Partizip		
		m.	f.	
छूना	„berühren"	छुआ	छुई	„berührt habend"
चूना	„tropfen"	चुआ	चुई	„getropft habend"

§ 223 Von den folgenden sieben Verben wird das einfache perfektive Partizip abweichend von den gewöhnlichen Regeln gebildet:

Infinitiv		Partizip m.		Partizip f.	
		sg.	pl.	sg.	pl.
होना	„sein"	हुआ	हुए	हुई	हुई , हुईं
करना	„tun"	किया	किये	की	की , कीं
जाना	„gehen"	गया	गये	गयी (गई)	गयी , गयीं (गई , गईं)
देना	„geben"	दिया	दिये	दी	दी , दीं
लेना	„nehmen"	लिया	लिये	ली	ली , लीं
मरना	„sterben"	मरा[1]	मरे	मरी	मरी , मरीं
		मुआ	मुए	मुई	मुई , मुईं
ठानना	„beschließen"	ठया	ठये	ठयी (ठई)	ठयी , ठयीं (ठई , ठईं)

§ 224 Die verschiedenen Formen in Genus und Numerus werden bei den einfachen Partizipien genauso wie bei den veränderlichen Adjektiven gebildet. Nur bei den weiblichen Formen im Plural tritt neben der für alle Adjektive gebräuchlichen Form -ई ebenfalls die

[1] मरा hat die Bedeutung „gestorben" und मुआ die Bedeutung „tot".

Endung -ईं auf, die in allen finiten Verbformen verwendet wird, die ohne Hilfsverb, nur mit Hilfe des Partizips gebildet werden:

Infinitiv	Partizip m.		Partizip f.	
	C. r. sg.	C. o. sg., C. r. u. C. o. pl.	sg.	pl.
बोना „säen"	बोया	बोये	बोयी	बोयी, बोयीं
पढ़ना „lesen"	पढ़ा	पढ़े	पढ़ी	पढ़ी, पढ़ीं

§ 225 Einige Partizipien haben die Bedeutung von Adjektiven angenommen: फटा „zerrissen", खुला „offen", बहता „fließend", मुआ „tot".

§ 226 Mit Hilfe der einfachen Partizipien werden die zusammengesetzten Tempora gebildet. Das einfache imperfektive Partizip ist im Aktiv an der Bildung des Präsens, des Imperfekts und des Futurs II des Indikativs sowie des Konjunktivs II und des Konditionals II beteiligt. Mit Hilfe des einfachen perfektiven Partizips werden alle Passivformen gebildet sowie im Aktiv die Formen des Präteritums, des Perfekts, des Plusquamperfekts, des Futurs III, des Konjunktivs III und des Konditionals III. Alle Zeiten, die mit dem einfachen imperfektiven Partizip gebildet werden, haben den Charakter des Andauerns der Handlung, während die mit dem einfachen perfektiven Partizip gebildeten Tempora eine als abgeschlossen angesehene, einmalige Handlung wiedergeben. Außerdem können die einfachen Partizipien in den Funktionen von Attributen, Prädikatsnomen und Adverbialbestimmungen auftreten.

f) Die zusammengesetzten Partizipien (संयुक्त कृदन्त)

Die zusammengesetzten Partizipien treten hauptsächlich als Attribute zu Substantiven, als Prädikatsnomen und als Adverbialbestimmungen auf.

§ 227 Das zusammengesetzte imperfektive Partizip (अपूर्ण क्रियाद्योतक कृदंत) wird gebildet, indem hinter das einfache imperfektive Partizip eines Verbs das einfache perfektive Partizip des Verbs होना „sein" = हुआ gesetzt wird. Es hat in der Regel aktivische Bedeutung:

करना „machen" — करता हुआ „machend"
देना „geben" — देता हुआ „gebend"
मिलना „treffen" — मिलता हुआ „treffend"

§ 228 Das zusammengesetzte perfektive Partizip (पूर्ण क्रियाद्योतक कृदन्त) wird gebildet, indem hinter das einfache perfektive Partizip eines Verbs das einfache perfektive Partizip des Verbs होना „sein" = हुआ gesetzt wird. Das zusammengesetzte perfektive Partizip intransitiver Verben hat in der Regel aktivische Bedeutung, das zusammengesetzte perfektive Partizip transitiver Verben passivische:

Intransitiv:
खौलना „kochen" — खौला हुआ „gekocht habend"
सोना „schlafen" — सोया हुआ „geschlafen habend"
Transitiv:
देना „geben" — दिया हुआ „gegeben"
सिखाना „lehren" — सिखाया हुआ „gelehrt", „ausgebildet"

§ 229 Manchmal wird die zweite Komponente der zusammengesetzten Partizipien हुआ weggelassen, so daß äußerlich gesehen die einfachen und die zusammengesetzten Partizipien gleich sind. Ihr Hauptunterschied liegt darin, daß die einfachen Partizipien Tempora bilden, während die zusammengesetzten nur in syntaktischen Funktionen auftreten können.

§ 230 In der Funktion von Adverbialbestimmungen kongruieren die einfachen und die zusammengesetzten Partizipien oft nicht mit dem Satzsubjekt in Genus, Kasus und Numerus, sondern nehmen die neutralisierte Endung -ए an:

यह किसान चोर को **पकड़े हुए** थाने में लाया। „Dieser Bauer ergriff den Dieb und brachte ihn ins Polizeirevier."
वह **बैठे बैठे** थक गया। „Er wurde vom vielen Sitzen müde."

g) Das durative Partizip

§ 231 Das durative Partizip wird mit Hilfe des Stammes eines Verbs und des einfachen perfektiven Partizips des Verbs रहना „bleiben" gebildet. Mit seiner Hilfe wird das durative Präsens und das durative Imperfekt gebildet. Es tritt ebenfalls als Attribut zu einem Substantiv auf. Die Handlung, die durch das Verb ausgedrückt wird, zeigt an, daß mit der im Substantiv dargestellten Person (Gegenstand) im Moment des Sprechens etwas vor sich geht. Diese Handlung erscheint so als eine vorübergehende Eigenschaft einer

Person oder einer Sache, die in dem Augenblick vorhanden ist, von dem der Sprecher spricht, z. B.:

चल रही गाड़ी „ein fahrender (sich augenblicklich bewegender) Wagen"
बन रहा रास्ता „eine Straße, die (augenblicklich) gebaut wird"
किताब पढ़ रहा लड़का „ein Knabe, der (augenblicklich) ein Buch liest"

h) Das kompletive Partizip

§ 232 Das kompletive Partizip wird mit Hilfe des Stammes eines Verbs und des einfachen perfektiven Partizips des Hilfsverbs चुकना „vollenden", „beenden" gebildet. Es bezeichnet eine Handlung, die bereits vollzogen wurde, und ordnet sich in diesem Sinne als Attribut einem Substantiv unter:

सूख चुके होंठ „ausgetrocknete Lippen"
प्रकाशित हो चुकी पुस्तकें „bereits erschienene (gedruckte) Bücher"

i) Das passive Partizip

§ 233 Das passive Partizip wird mit Hilfe des einfachen perfektiven Partizips eines transitiven Verbs und des einfachen perfektiven Partizips des Verbs जाना „gehen", „weggehen" gebildet. Seiner Bedeutung nach entspricht es dem einfachen perfektiven bzw. dem zusammengesetzten perfektiven Partizip. Es tritt syntaktisch nur als Attribut auf, z. B.: लिखी गई चिट्ठी „der geschriebene Brief"

j) Das Absolutiv (पूर्वकालिक कृदन्त)

§ 234 Das Absolutiv wird gebildet, indem an den Stamm eines Verbs die Endungen **कर**, **के** oder **करके** angefügt werden. Am häufigsten kommt die Endung कर vor. An Stämme, die auf ein -र oder -ड़ auslauten, wird bevorzugt -के angehängt. Oft tritt auch der reine Stamm in der Funktion des Absolutivs auf:

Infinitiv:	Absolutiv:
देना „geben"	देकर, देके, देकरके, दे
लेना „nehmen"	लेकर, लेके, लेकरके, ले
गिरना „fallen"	गिरके, गिरकरके, गिर
करना „machen"	करके, कर

§ 235 Das Absolutiv bezeichnet eine zusätzliche Handlung zur Haupthandlung, die durch die finite Verbform im Prädikat ausgedrückt wird:

किताब **पढ़के** वह कमरे से चला गया। „Nachdem er das Buch gelesen hatte, ging er aus dem Zimmer."

Diese zusätzliche Handlung braucht sich nicht unbedingt auf das Subjekt des Satzes zu beziehen:

उसकी हालत **देखकर** मुझे क्रोध आया। „Beim Anblick ihres Zustandes wurde ich wütend (kam mich die Wut an)."

Das logische Subjekt der im Absolutiv देखकर ausgedrückten Handlung ist hier das indirekte Objekt des Satzes मुझे, während das grammatische Subjekt des Satzes क्रोध ist.

§ 236 In Sätzen mit einer passiven Verbform im Prädikat hat das Absolutiv ebenfalls passivische Bedeutung:

चिट्ठी **लिखकर** भेजी गयी। „Der Brief wurde geschrieben und abgeschickt."

§ 237 Am häufigsten drückt das Absolutiv eine zur Haupthandlung vorzeitig verlaufende Handlung aus und wird ins Deutsche am besten mit einem durch „nachdem" eingeleiteten temporalen Nebensatz übersetzt:

लड़की माँ के पैर **छूकर** सामने खड़ी हो गयी। „Das Mädchen blieb vor der Mutter stehen, nachdem sie deren Füße berührt hatte." (Ehrerbietige Geste in Indien.)

§ 238 In manchen Fällen jedoch wird die Haupthandlung durch das Absolutiv näher erklärt und bestimmt:

उस ने बच्चे का माथा **छूकर** देखा। „Er befühlte die Stirn des Kindes." (Wörtlich: „Er berührte die Stirn des Kindes und sah.")

§ 239 Einige Absolutive haben die Bedeutung von Postpositionen, angenommen:

छोड़कर (mit को) „außer", „ausgenommen", z. B.:

पिताजी को **छोड़कर** सब उपस्थित थे। „Den Vater ausgenommen, waren alle anwesend."

लेकर (mit को) „zusammen mit", „mit", z. B.:

वह मुझे (मुझ को) **लेकर** किताबें ख़रीदने गया। „Er ging mit mir zusammen Bücher kaufen."

लेकर (mit से) „von", „seit", z. B.:
अशोक से **लेकर** आज तक „von Aschok bis heute"

होकर (mit से, में oder में से, aber auch ohne sie) „über", z. B.:
मैं मास्को (से, में oder में से) **होकर** भारत जाऊँगी। „Ich werde über Moskau nach Indien fliegen."

§ 240 Einige Absolutive werden als Adverbien verwendet:
मिलकर „zusammen", छिपाकर „heimlich", जान-बूझकर „bewußt", „absichtlich".

2. Die finiten Formen des Aktivs (कर्तृवाच्य)[1]

§ 241 Das Verbsystem des Hindi ist gekennzeichnet durch das Vorhandensein vieler Formen und durch große Ausdrucksfähigkeit. Die Tempora werden nach zweierlei Prinzipien gebildet:
a) Bei den einfachen Formen werden die Endungen direkt an den Verbstamm angefügt. Sie werden bis auf Futur I nicht im Genus unterschieden. Zu den einfachen Tempora gehören: Imperativ, Optativ, Konjunktiv I und im Indikativ Futur I.
b) Die zusammengesetzten Formen werden mit Hilfe der einfachen Partizipien oder des durativen Partizips und der entsprechenden Formen des Verbs होना „sein" gebildet. Das Genus des Subjekts wird im Prädikat durch die Endungen der Partizipien ausgedrückt, die genau wie Adjektive flektiert werden.

a) Der Imperativ (विधि oder आज्ञार्थ)

§ 242 Der Imperativ tritt nur in der zweiten Person sg. und pl. auf. Im Singular gleicht sie dem Verbstamm, und im Plural wird an diesen Stamm die Endung -ओ angehängt, z. B.:

---

[1] Da das Verb होना „sein" gewisse Abweichungen von den Formen der anderen Verben zeigt und außerdem als Hilfsverb bei der Konjugation der Verben eine wichtige Rolle spielt, werden seine Formen bei bestimmten Modi und Tempora gesondert aufgeführt. Wo die Formen des Verbs होना „sein" nicht gesondert aufgeführt werden, entspricht ihre Bildung der der anderen Verben. Eine Zusammenfassung aller Formen des Verbs होना „sein" ist in Tabelle V zu finden. Die Konjugation aller anderen Verben ist in Tabelle IV zusammengefaßt.

Infinitiv:		2. Person sg.:		2. Person pl.:	
बोलना	„sprechen"	बोल!	„sprich!"	बोलो!	„sprecht!"
आना	„kommen"	आ!	„komm!"	आओ!	„kommt!"
पढ़ना	„lesen"	पढ़!	„lies!"	पढ़ो!	„lest!"

§ 243 Bei allen Verbstämmen, die auf ein -ओ auslauten, verschmilzt dieses mit der Pluralendung -ओ:

होना	„sein"	हो!	„sei!" und „seid!"
सोना	„schlafen"	सो!	„schlafe!" und „schlaft!"

§ 244 Bei den Verben लेना „nehmen" und देना „geben" fällt der Stammvokal im Plural aus:

लेना	„nehmen"	ले!	„nimm!"	लो!	„nehmt!"
देना	„geben"	दे!	„gib!"	दो!	„gebt!"

§ 245 Die Formen der zweiten Person sg. werden wenig verwendet. Sie dienen dem Ausdruck größerer Zärtlichkeit gegenüber Kindern und nahestehenden Personen oder entsprechen einem groben Befehl.

§ 246 Die Formen der zweiten Person pl. kommen sehr häufig vor und werden sowohl mehreren Personen als auch einer einzelnen Person gegenüber verwendet, um entweder Gleichstellung oder elementare Höflichkeit auszudrücken.

§ 247 Auch der Infinitiv kann als Imperativ (परोक्षविधि) verwendet werden, wenn eine inständige Bitte oder ein Befehl als Konstatierung des unbedingten Vollzugs oder Nichtvollzugs einer Handlung ausgedrückt werden soll, z. B.:

उठना! „aufstehen!" oder „steh bitte auf!"
मत पीना! „nicht rauchen!" oder „rauche bitte nicht!"
कल यहाँ आना! „Morgen unbedingt hierher kommen!" oder „Komme morgen bitte hierher!"

§ 248 Als Verneinungspartikel kommen beim Imperativ nur **मत** für das kategorische und **न** „nicht" für das abgeschwächte Verbot in Frage.

b) Der Optativ (विध्यर्थ)

§ 249 Zum Ausdruck betonter Höflichkeit verwendet man im Hindi anstelle des Imperativs den Optativ, der sowohl einer als auch mehreren Personen gegenüber verwendet werden kann. Früher kam er nur höhergestellten Personen gegenüber in Frage.

§ 250 Der Optativ wird mit Hilfe folgender unveränderlicher Endungen gebildet, die an den Verbstamm angefügt werden:

-इये (**-इए**) auf die Gegenwart bezogen
-इयेगा (**-इएगा**) auf die Zukunft bezogen
-इयो (**-इश्रो**) (veraltet) auf die Zukunft bezogen

Am häufigsten ist die Endung -इये.

Beispiele:

उठिये ! „Stehen Sie bitte auf!" („Haben Sie die Güte aufzustehen!")
बोलियेगा ! „Sprechen Sie bitte!" („Haben Sie die Güte zu sprechen!")
लिखियो ! „Schreiben Sie bitte!" („Haben Sie die Güte zu schreiben!")

§ 251 Mit dem Optativ treten zur Verneinung die Partikel **न** und **मत** „nicht" auf, z. B.:

शोर न मचाइये! „Machen Sie bitte keinen Lärm!"
सिगरेट मत पीजिये! „Rauchen Sie bitte nicht!"

§ 252 Von den Personalpronomen kann श्राप „Sie" vor dem Optativ stehen:

श्राप पढ़िये ! „Lesen Sie bitte!"
श्राप पानी लीजियेगा ! „Nehmen Sie bitte Wasser!"

§ 253 Folgende Verben haben anstelle der Endungen -इये, -इयेगा und -इयो die Endungen **-जिये, -जियेगा** und **-जियो**:

होना „sein" होजिये, होजियेगा, होजियो „seien Sie bitte!"
करना „machen" कीजिये, कीजियेगा, कीजियो „machen Sie bitte!"
लेना „nehmen" लीजिये, लीजियेगा, लीजियो „nehmen Sie bitte!"
देना „geben" दीजिये, दीजियेगा, दीजियो „geben Sie bitte!"
पीना „trinken" पीजिये, पीजियेगा, पीजियो „trinken Sie bitte!"
सीना „nähen" सीजिये, सीजियेगा, सीजियो „nähen Sie bitte!"

Anmerkungen: 1. Zur Verwendung der Optativform des Verbs चाहना „wünschen", „wollen" = चाहिये s. § 211 über das Gerundiv. 2. Als Optativ werden auch die Formen des Konjunktivs I (s. § 292) verwendet.

c) Der Indikativ (स्वार्थ oder निश्चयार्थ)

Das generelle Präsens (सामान्य वर्त्तमान काल)

§ 254 Das generelle Präsens vom Verb होना „sein" lautet:

	Singular:	Plural:
1. Pers.	मैं हूँ „ich bin“	हम हैं „wir sind“
2. Pers.	तू है „du bist“	तुम हो „ihr seid“
3. Pers.	वह है „er, sie, es ist“	वह, वे हैं „sie sind“
		आप हैं „Sie sind“

§ 255 Die anderen Verben bilden das generelle Präsens mit Hilfe des einfachen imperfektiven Partizips und der Präsensformen des Verbs होना „sein“:

Singular:	Plural:
m. (f.)	m. (f.)
मैं बोलता (बोलती) हूँ „ich spreche“	हम बोलते (बोलती) हैं „wir sprechen“
तू बोलता (बोलती) है „du sprichst“	तुम बोलते (बोलती) हो „ihr sprecht“
वह बोलता (बोलती) है „er, sie, es spricht“	वह, वे बोलते (बोलती) हैं „sie sprechen“
	आप बोलते (बोलती) हैं „Sie sprechen“

§ 256 Das Verb होना „sein“ bildet auf diese Weise ein zweites zusammengesetztes Präsens, das für den Ausdruck des Gewöhnlichen, Üblichen, Häufigen im Sinne von „zu sein pflegen“ verwendet wird:

मैं होता (होती) हूँ „ich pflege zu sein“

तू होता (होती) है „du pflegst zu sein“ usw., z. B.:

आदमी के दो कान होते हैं। „Der Mensch hat gewöhnlich zwei Ohren.“

शाम को हम घर पर होते हैं। „Abends pflegen wir zu Hause zu sein.“

§ 257 Wenn vor dem Präsens die verneinende Partikel नहीं „nein“, „nicht“ steht, werden die Formen des Hilfsverbs होना oft weggelassen. Dabei nehmen die weiblichen Pluralformen der Partizipien die Endung -ईं an:

मैं यह रोटी **नहीं खाता।** „Ich esse dieses Brot nicht.“

ये लड़कियाँ आज **नहीं खेलतीं।** „Diese Mädchen spielen heute nicht.“

§ 258 Das generelle Präsens wird zum Ausdruck folgender Zeitverhältnisse verwendet:

a) Reale, nicht abgeschlossene Gegenwart (selten, da dafür in der Regel das durative Präsens verwendet wird):

वह **पढ़ता है।** „Er liest gerade.“

b) Gewöhnliche Tätigkeit, Konstatierung eines Faktes, Allgemeingültigkeit ohne Bezug auf den Moment des Sprechens:

हम कारख़ाने में काम **करते हैं**। „Wir arbeiten in einer Fabrik."
पक्षी अंडे **देते हैं**। „Die Vögel legen Eier."

c) Nahe Zukunft:

मैं अब बाहर **जाती हूँ**। „Ich werde jetzt hinausgehen."

d) Historisches Präsens:

गेटेजी ऐसा **कहते हैं**। „So spricht Goethe."

Das durative Präsens (तात्कालिक अपूर्ण वर्त्तमानकाल)

§ 259 Das durative Präsens wird mit Hilfe des durativen Partizips eines Verbs und der Präsensformen des Verbs होना „sein" gebildet:

मैं बोल रहा (रही) हूँ „ich spreche gerade (augenblicklich)"
तुम बोल रहे (रही) हो „ihr sprecht gerade (jetzt, augenblicklich)".

§ 260 Das durative Präsens bezeichnet eine ununterbrochen andauernde Handlung, die im gegebenen Augenblick vor sich geht (ähnlich der Verlaufsform im Englischen):

ऊषा चित्र **देख रही है**। „Uscha sieht sich soeben (gerade) ein Bild an."

Manchmal weist sie jedoch auch auf eine zukünftige Handlung hin, die bestimmt vor sich gehen wird:

प्रधानमंत्री कल रात को सवा आठ बजे पालम हवाई अड्डे पर **पहुँच रहे हैं**। „Der Ministerpräsident wird morgen abend um 8.15 Uhr auf dem Flugplatz in Palam eintreffen."

§ 261 Da das durative Präsens aus einer Aktionsart entstanden ist, die die anhaltende Dauer eines Vorganges bezeichnete, tritt es manchmal auch in dieser Bedeutung auf:

देश में विश्वविद्यालयों की संख्या बराबर **बढ़ रही है**। „Die Zahl der Universitäten im Lande ist im Steigen begriffen."

Das Perfekt (आसन्न भूतकाल oder पूर्ण वर्त्तमानकाल)[1]

§ 262 Das Perfekt wird mit Hilfe des einfachen perfektiven Partizips und der Präsensformen des Verbs होना „sein" gebildet:

[1] Bei allen Tempora, die mit dem einfachen perfektiven Partizip gebildet werden — Perfekt, Präteritum, Plusquamperfekt, Futur III, Konjunktiv III und

हम हुए (हुई) हैं „wir sind gewesen"
वह बोला (बोली) है „er, sie hat gesagt"
वह, वे (आप) बोले (बोली) हैं „sie (Sie) haben gesagt"

§ 263 Das Perfekt bezeichnet eine Handlung, die in die Gegenwart hineinreicht oder mit gegenwärtigen Geschehnissen, Fakten usw. verknüpft ist, z. B.:

कितने **बजे हैं**? „Wie spät ist es?" („Wieviel hat es geschlagen?")

पिताजी बाज़ार से कुछ फल **लाये हैं**। „Der Vater hat etwas Obst vom Markt gebracht."

Das generelle Imperfekt (अपूर्ण भूतकाल)

§ 264 Das generelle Imperfekt des Verbs होना „sein" lautet:

Singular:		Plural:	
m. (f.)		m. (f.)	
मैं था (थी)	„ich war"	हम थे (थीं)	„wir waren"
तू था (थी)	„du warst"	तुम थे (थीं)	„ihr ward"
वह था (थी)	„er, sie, es war"	वह, वे थे (थीं)	„sie waren"
		आप थे (थीं)	„Sie waren"

§ 265 Das generelle Imperfekt aller anderen Verben wird mit Hilfe des einfachen imperfektiven Partizips und der Imperfektformen des Verbs होना „sein" gebildet:

मैं बोलता था (बोलती थी) „ich sprach"
तुम बोलते थे (बोलती थीं) „ihr spracht" usw.

§ 266 Das Verb होना „sein" bildet auf diese Weise ein zweites zusammengesetztes Imperfekt, das meist in der Bedeutung von „pflegte zu sein" verwendet wird:

मैं होता था (होती थी) „ich pflegte zu sein" usw.

§ 267 Nach der verneinenden Partikel नहीं „nein", „nicht" können hier wie auch beim generellen Präsens die Formen des Hilfsverbs होना weggelassen werden, wobei die weiblichen Endungen des einfachen imperfektiven Partizips im Plural -ईं lauten, z. B.:

कल ये औरतें काम **नहीं करतीं**। „Gestern arbeiteten diese Frauen nicht."

Konditional III — ist die Sonderstellung der transitiven Verben zu beachten. Siehe dazu §§ 308—315.

परसों लड़का कुछ **नहीं पढ़ता**। „Vorgestern las der Knabe gar nichts."

§ 268 Das generelle Imperfekt bezeichnet eine gewohnheitsmäßig oder regelmäßig ausgeführte Handlung, die irgendwann in der Vergangenheit stattgefunden hat und auf deren Vollzug oder Nichtvollzug nicht hingewiesen werden soll. Meist werden Berichte und Erzählungen im Imperfekt gegeben. z. B.:

पहले मेरा भाई एक गाँव में **रहता था**। „Früher wohnte mein Bruder in einem Dorf."

Das durative Imperfekt (तात्कालिक अपूर्ण भूतकाल)

§ 269 Das durative Imperfekt wird mit Hilfe des durativen Partizips und der Imperfektformen des Verbs होना „sein" gebildet:

मैं बोल रहा था (रही थी) „ich sprach gerade"
आप बोल रहे थे (रही थीं) „Sie sprachen gerade" usw.

§ 270 Das durative Imperfekt kommt in seiner Bedeutung der des generellen Imperfekts nahe. Der Unterschied liegt darin, daß das durative Imperfekt stets auf einen bestimmten Zeitabschnitt bezogen wird, der angegeben ist, d. h., es beschreibt aktuell erlebtes Tun, z. B.:

जब वह कमरे में आया राम अख़बार **पढ़ रहा था**। „Als er ins Zimmer kam, las Ram die Zeitung."

वहाँ सब लोग चाय **पी रहे थे**। „Alle Leute tranken dort Tee."

Das Präteritum (सामान्य भूतकाल)

§ 271 Das Präteritum wird mit Hilfe des einfachen perfektiven Partizips gebildet. Es bezeichnet eine einmalige Handlung, die irgendwann in der Vergangenheit vollzogen wurde, ohne daß auf den Zeitpunkt des Vollzugs hingewiesen werden soll, z. B.:

वह बम्बई **गया**। „Er fuhr nach Bombay."

कल रात को हम सिर्फ़ दो घंटे **सोये**। „Vorige Nacht schliefen wir nur zwei Stunden "

§ 272 Das Präteritum bezeichnet in Verbindung mit dem Adverb अभी „sofort", „sogleich" eine zukünftige Handlung, die sofort und prompt ausgeführt wird:

मैं **अभी आया**। „Ich komme gleich."

§ 273 Das Präteritum bezeichnet auch eine Handlung, die einer anderen vorausgesetzt wird. Dies geschieht vor allem bei Handlungen, deren Vollzug in Gegenwart oder Zukunft andere Vorgänge bedingt, also in Konditionalsätzen:

यदि कार्य सिद्ध न **हुआ** तो उस का दोष आप के सिर पड़ेगा। „Wenn die Sache nicht glückt (nicht glücken sollte), wird die Schuld daran auf Sie fallen."

Das Plusquamperfekt (पूर्ण भूतकाल)

§ 274 Das Plusquamperfekt wird mit Hilfe des einfachen perfektiven Partizips und der Imperfektformen des Verbs होना „sein" gebildet:

मैं बोला था (बोली थी) „ich hatte gesagt"
हम बोले थे (बोली थीं) „wir hatten gesagt" usw.

§ 275 Das Plusquamperfekt bezeichnet zunächst eine Handlung, die in ferner Vergangenheit vollzogen worden ist und keinen Bezug zur Gegenwart oder zum Sprecher hat:

पिछले साल हम भारत **गये थे**। „Im vergangenen Jahr waren wir nach Indien gefahren."

तुम सवेरे आठ बजे **आये थे**। „Du warst um 8 Uhr morgens gekommen."

§ 276 Des weiteren bezeichnet das Plusquamperfekt eine Handlung, die vor einer anderen vollzogen wurde oder bis zu einem bestimmten Moment in der Vergangenheit stattgefunden hat:

सब बच्चे खेलने के लिये बाहर निकल गये क्योंकि बारिश बन्द **हो गयी थी**। „Alle Kinder gingen zum Spielen hinaus, denn es hatte aufgehört zu regnen."

मेरे स्टेशन पर पहुँचने से पहले गाड़ी **चल दी थी**। „Ehe ich auf dem Bahnhof ankam, war der Zug abgefahren."

§ 277 Das Plusquamperfekt dient auch zur Bezeichnung einer Handlung, die bis zum Vollzug einer anderen Handlung in der Vergangenheit nicht abgeschlossen werden konnte, wenn mit dem Plusquamperfekt die Verneinungspartikel न „nicht" und die emphatische Partikel भी „sogar" steht:

अभी हम **पहुँचे भी न थे** कि अध्यापक ने हम को बुलाया। „Wir waren noch nicht einmal angekommen, als der Lehrer uns schon rief."

Das Futur I (सामान्य भविष्यकाल oder भविष्यत्काल)

§ 278 Das Futur I wird mit Hilfe folgender Endungen gebildet, die an den Stamm eines Verbs angefügt werden:

	Singular: m.	f.	Plural: m.	f.
1. Pers.:	-ऊँगा	-ऊँगी	-एँगे	-एँगी
2. Pers.:	-एगा	-एगी	-ओगे	-ओगी
3. Pers.:	-एगा	-एगी	-एँगे	-एँगी

Beispiel: करना „machen", „tun"

मैं	करूँगा	(करूँगी)	„ich werde machen"
तू	करेगा	(करेगी)	„du wirst machen"
वह	करेगा	(करेगी)	„er (sie), es wird machen"
हम	करेंगे	(करेंगी)	„wir werden machen"
तुम	करोगे	(करोगी)	„ihr werdet machen"
वह, वे	करेंगे	(करेंगी)	„sie werden machen"
आप	करेंगे	(करेंगी)	„Sie werden machen"

§ 279 Das Futur I des Verbs होना „sein" lautet:

मैं	हूँगा, होऊँगा	(हूँगी, होऊँगी)	„ich werde sein"
तू	होगा	(होगी)	„du wirst sein"
वह	होगा	(होगी)	„er (sie), es wird sein"
हम	होंगे	(होंगी)	„wir werden sein"
तुम	होगे	(होगी)	„ihr werdet sein"
वह, वे	होंगे	(होंगी)	„sie werden sein"
आप	होंगे	(होंगी)	„Sie werden sein"

§ 280 Bei den Verben लेना „nehmen" und देना „geben" fällt vor den Futurendungen der Stammvokal -ए aus:

मैं	लूँगा	(लूँगी)	„ich werde nehmen"
तू	लेगा	(लेगी)	„du wirst nehmen"
वह	लेगा	(लेगी)	„er (sie), es wird nehmen"
हम	लेंगे	(लेंगी)	„wir werden nehmen"
तुम	लोगे	(लोगी)	„ihr werdet nehmen"
वह, वे	लेंगे	(लेंगी)	„sie werden nehmen"
आप	लेंगे	(लेंगी)	„Sie werden nehmen"

Die Formen von देना werden analog gebildet.

§ 281 Vor den Futurendungen wurde früher häufig ein य oder व eingeschoben, wenn der Stamm auf -आ, -ई, -ऊ, -ए oder -ओ auslautet[1]. Diese Form kommt auch heute noch ab und zu vor:

हम जायेंगे, जावेंगे „wir werden gehen"
तुम सोयोगे, सोवोगे „ihr werdet schlafen"
तू पीवेगा „du wirst trinken".

§ 282 Das Futur I bezeichnet eine Handlung:

a) die bevorsteht:

थोड़े दिनों में हमारे शहर में त्योहार **होगा**। „In einigen Tagen wird in unserer Stadt ein Fest sein."

b) die eine allgemeine Feststellung trifft:

जो **बोएगा** सो **काटेगा**। „Was du säst, wirst du ernten."

c) die manchmal modale Schattierungen ausdrückt, die eigentlich in den Konjunktiv gehören:

कल मैं बर्लिन जाना **चाहूँगा**। „Morgen würde ich gern nach Berlin fahren."

§ 283 Das Futur I des Verbs होना „sein" tritt besonders oft in Wendungen auf, die eine Annahme, Wahrscheinlichkeit, Unsicherheit usw. ausdrücken, wie dies auch im Deutschen der Fall ist:

उस की उम्र पचीस बरस की **होगी**। „Er wird fünfundzwanzig Jahre alt sein."

मेरे ख़याल में आप के बहुत से बच्चे **होंगे**? „Ich nehme an, daß Sie wohl viele Kinder haben werden?"

Das Futur II (संदिग्ध वर्त्तमानकाल)

§ 284 Das Futur II wird mit Hilfe des einfachen imperfektiven Partizips eines Verbs und des Futurs I des Verbs होना „sein" gebildet:

वह जानता होगा „sicher weiß er"
वह बोलती होगी „sie wird wohl sprechen"

§ 285 Das Futur II drückt eine Handlung oder einen Zustand aus, die als fortgesetzt und im Ablauf befindlich in Gegenwart oder Zukunft dargestellt und mit weitgehender Sicherheit angenommen

---

[1] Anstelle der Endungen -एगा, -एगी, -एँगे, -एँगी wird meist -अगा, -अगी, -अँगे, -अँगी geschrieben, wenn ein -य- zwischen Stamm und Endung geschoben wird, z. B.: वह दिखायगा „er wird zeigen".

werden, deren tatsächlicher Vollzug jedoch unbekannt oder zweifelhaft ist:

मेरी बेटी अभी **आती होगी**। „Meine Tochter wird (muß) gleich kommen."

शायद उस के बाप **सोते होंगे**। „Sein Vater wird wohl schlafen."

यहाँ कहीं पास ही **रहती होगी**। „Sie wird (muß) hier irgendwo in der Nähe wohnen."

Das Futur III (संदिग्ध वर्त्तमानकाल)

§ 286 Das Futur III wird mit Hilfe des einfachen perfektiven Partizips und des Futurs I des Verbs होना „sein" gebildet:

वह गया होगा „er wird gegangen sein"

वह आयी होगी „sie wird gekommen sein"

§ 287 Das Futur III bezeichnet eine Handlung, deren Vollzug in der Vergangenheit angenommen wird und die oft einer anderen Handlung vorangeht. In seiner Bedeutung entspricht es dem deutschen Futur II:

शायद ग्यारह **बजे होंगे**। „Es wird 11 Uhr sein (es wird 11 Uhr geschlagen haben)."

किसी ने उस को समाचार **दिया होगा**। „Irgendjemand wird ihn benachrichtigt haben."

जब हम सिनेमा पहुँचेंगे तब चलचित्र **शुरू हो चुका होगा**। „Wenn wir im Kino ankommen werden, wird der Film schon angefangen haben."

वहाँ क्या **हुआ होगा**? „Was wird dort vorgefallen sein?"

d) Der Konjunktiv oder Subjunktiv (**संभावार्थ** oder **संशयार्थ**)

Der Konjunktiv kommt sowohl in einfachen als auch in zusammengesetzten Sätzen vor. Man unterscheidet vier Formen: den Konjunktiv I, II und III und den durativen Konjunktiv.

Der Konjunktiv I

(संभाव्य भविष्यत, संभाव्य भविष्य काल oder संभाव्य भविष्यत्काल)

§ 288 Der Konjunktiv I wird mit Hilfe folgender Endungen gebildet, die an den Stamm eines Verbs angehängt werden. Im Konjunktiv I wird das Genus der Person nicht bezeichnet.

Singular: Plural:

1. Pers.: -ओं, -ऊँ -एँ
2. Pers.: -ए -ओ
3. Pers.: -ए -एँ

Beispiel: बोलना „sprechen"

मैं बोलों, बोलूँ „ich würde, möchte, sollte sprechen"; „ich spräche"
तू बोले „du würdest, solltest, möchtest sprechen"; „du sprächest"
वह बोले „er, sie, es würde usw. sprechen; spräche"
हम बोलें „wir würden usw. sprechen; sprächen"
तुम बोलो „ihr würdet usw. sprechen; sprächet"
वह, वे बोलें „sie würden usw. sprechen; sprächen"
आप बोलें „Sie würden usw. sprechen; sprächen"

§ 289 Der Konjunktiv I des Verbs होना „sein" lautet (die in Klammern angegebenen Formen treten seltener auf):

मैं हों (होऊँ) „ich würde, möchte, sollte sein"; „ich wäre"
तू हो (होवे) „du würdest, möchtest, solltest sein; wärest"
वह हो (होवे) „er, sie, es würde usw. sein; wäre"
हम हों (होवें) „wir würden usw. sein; wären"
तुम हो (होओ) „ihr würdet usw. sein; wäret"
वह, वे हों (होवें) „sie würden usw. sein; wären"
आप हों (होवें) „Sie würden usw. sein; wären"

§ 290 Bei den Verben लेना „nehmen" und देना „geben" fällt genau wie im Futur I der Stammvokal -ए aus:

मैं दूँ „ich würde, möchte, sollte geben"; „ich gäbe"
तू दे „du würdest, möchtest, solltest geben"; „du gäbest"
वह दे „er, sie, es würde usw. geben; gäbe"
हम दें „wir würden usw. geben; gäben"
तुम दो „ihr würdet usw. geben; gäbet"
वह, वे दें „sie würden usw. geben; gäben"
आप दें „Sie würden usw. geben; gäben"

Die Formen von लेना werden analog gebildet.

§ 291 Genau wie im Futur I wurde früher vor die Endungen häufig ein -य- oder -व- gestellt, wenn der Stamm auf -आ, -ई, -ऊ, -ए oder -ओ auslautet:

लावें „laßt uns bringen"; „wir würden, sollten, möchten bringen"
पीवें „laßt uns trinken"; „wir würden, sollten, möchten trinken"

Die Endungen -ए und -एँ werden nach य oft zu -अ bzw. -अँ, z. B..

हम सोयँ „laßt uns schlafen"; „wir würden, sollten, möchten schlaten"; „wir schliefen"

वह आय „er würde kommen."

§ 292 Der Konjunktiv I ist die am häufigsten vorkommende Form des Konjunktivs und drückt Wunsch, Rat, Befürchtung, Aufforderung, Erlaubnis, Verwunderung, Unsicherheit, Annahme, Möglichkeit, Befremden, Erstaunen, Müssen oder die Notwendigkeit einer Handlung aus, die mehr auf die Zukunft als auf die Gegenwart bezogen ist:

क्या **करूँ**? „Was soll ich tun?"

पढ़ें। „Laßt uns lesen!", „Lesen wir!"

अगर **आँखें न हों तो हम कुछ न देख सकें**। „Wenn die Augen nicht wären, könnten wir nichts sehen."

सन्देह **की छाया भी वहाँ न हो**। „Auch nicht der geringste Zweifel sollte dort herrschen!"

Oft wird der Konjunktiv I auch anstelle des Optativs verwendet, um einen indirekten Befehl auszudrücken:

आप **जायँ**। „Gehen Sie bitte!", „Sie sollten gehen!"

Der Konjunktiv II (संभाव्य वर्त्तमानकाल)

§ 293 Der Konjunktiv II wird mit Hilfe des einfachen imperfektiven Partizips und der Formen des Konjunktivs I des Verbs होना „sein" gebildet:

मैं बोलता (बोलती) हों „ich würde, möchte, sollte sprechen"; „ich spräche"

हम बोलते (बोलती) हों „wir würden, möchten, sollten sprechen"; „wir sprächen"

§ 294 Der Konjunktiv II bezeichnet die Möglichkeit einer andauernden, nicht abgeschlossenen Handlung oder eines andauernden Zustandes in einem bestimmten Augenblick und bezieht sich meist auf die Gegenwart. Er intensiviert das Moment der Vermutung, des nur Angenommenen mehr als der Konjunktiv I. Er kommt selten vor:

शायद वे उस वक़्त घर पर नहीं **होते हों**। „Vielleicht sind sie um diese Zeit nicht zu Hause?"

कदाचित इस गाड़ी में मेरा बेटा **बैठता हो**। „Vielleicht befindet sich mein Sohn in diesem Zug?"

Der Konjunktiv III (संभाव्य भूतकाल)

§ 295 Der Konjunktiv III wird mit Hilfe des einfachen perfektiven Partizips eines Verbs und der Formen des Konjunktivs I des Verbs होना „sein“ gebildet:

वह आया हो „er wäre gekommen“; „er würde gekommen sein“; „er könnte gekommen sein“

§ 296 Der Konjunktiv III bezeichnet eine in der Vergangenheit möglich gewesene, vermutete oder vorgestellte, aber stets vollzogene oder abgeschlossene Handlung:

अगर मुझ से कोई दोष **हुआ हो** तो क्षमा कीजिये। „Wenn ich mich irgendwie vergangen haben sollte, dann verzeihen Sie bitte.“

शायद उन्हों ने इस तरह की बातें **कही हों**। „Vielleicht könnte er so etwas gesagt haben.“

Der durative Konjunktiv

§ 297 Der durative Konjunktiv wird mit Hilfe des durativen Partizips und des Konjunktivs I des Verbs होना „sein“ gebildet:

वह बोल रहा (रही) हो „er (sie), es würde, möchte, sollte sprechen“; „er (sie), es spräche“.

§ 298 Der durative Konjunktiv drückt eine ununterbrochen andauernde Handlung aus, deren Verlauf zu einem bestimmten Zeitpunkt angenommen, vorgestellt oder als möglich gedacht wird:

ख़याल आया, शायद स्कूल में कोई तमाशा **हो रहा हो**। „Ihm kam der Gedanke, daß in der Schule vielleicht eine Vorstellung stattfände (im Augenblick, wo er daran dachte).“

उस के स्वर में बड़ी कोमलता थी, मानों वह मुझ से **याचना कर रहा हो**। „In seiner Stimme war große Zärtlichkeit, als ob er mich um Verzeihung bäte.“

e) Der Konditional (संकेतार्थकाल oder हेतुहेतुमद्भूत)

§ 299 Der Konditional bezeichnet eine reale Handlung, die unter bestimmten Umständen vor sich gehen könnte, aber nicht stattfindet oder nicht stattgefunden hat. Er wird hauptsächlich in konditionalen Nebensätzen und deren Hauptsätzen verwendet, die einen unerfüllbaren Wunsch oder Bedauern ausdrücken. Möglich ist er auch in Konzessiv-, Temporal-, Konsekutiv- und Relativsätzen. Wenn der Konditional in einfachen Sätzen auftritt, werden diese gewöhnlich durch die Ausrufepartikel **काश!**, **काशकि!** „o! wenn doch...!" eingeleitet.

Der Konditional I (सामान्य संकेतार्थ)

§ 300 Der Konditional I gleicht dem einfachen imperfektiven Partizip. Er verändert sich nach Genus und Numerus. Die weiblichen Pluralformen enden auf -ईं, z. B.:

काश! वह **बोलता**। „Wenn er doch spräche!"

यदि वे लड़कियाँ भी **काम करतीं** तो अच्छा **होता**! „Wenn jene Mädchen auch arbeiten würden, wäre das gut!"

§ 301 Der Konditional I ist die häufigste Konditionalform und bezeichnet eine Handlung, die unter bestimmten Umständen in Gegenwart, Vergangenheit oder Zukunft vor sich gehen könnte:

मैं चाहता हूँ, तुम पुरुष **होतीं**। „Ich wollte, du wärest ein Mann!"

परन्तु मैं ऐसा मूर्ख नहीं था कि **रुक जाता**। „Aber ich war nicht so dumm anzuhalten."

मेरी लड़की भी इतनी ही सुन्दर **होती**। „Meine Tochter wäre auch so hübsch (wenn sie noch leben würde)!"

Der Konditional II (अपूर्ण संकेतार्थ)

§ 302 Der Konditional II wird mit Hilfe des einfachen imperfektiven Partizips eines Verbs und der Formen des Konditionals I des Verbs होना „sein" gebildet, die sich beide nach Genus und Numerus verändern:

मैं बोलता होता (बोलती होती) „wenn ich sprechen würde"; „wenn ich spräche"

तुम बोलते होते (बोलती होतीं) „wenn ihr sprechen würdet"; „wenn ihr sprächet"

§ 303 Der Konditional II bezeichnet eine Handlung oder einen Zustand, die unter bestimmten Umständen in der Gegenwart vor sich gehen bzw. bestehen können. Er wird selten angewendet:

अगर वह यह तमाशा न **देखता होता**! „Wenn er doch dieses Schauspiel nicht ansehen würde (aber er sieht es)!"

काशकि! वह **लिखती होती**। „Wenn sie doch schreiben würde!"

Der Konditional III (पूर्ण संकेतार्थ)

§ 304 Der Konditional III wird mit Hilfe des einfachen perfektiven

Partizips eines Verbs und der Formen des Konditionals I des Verbs होना „sein“ gebildet:

मैं बोला होता (बोली होती) „wenn ich gesprochen hätte“

वे बोले होते (बोली होतीं) „wenn sie gesprochen hätten“

§ 305 Der Konditional III bezeichnet eine unter bestimmten Umständen in der Vergangenheit möglich gewesene, abgeschlossene Handlung:

मैं चाहता हूँ कि उस चिट्ठी को न **लिखा होता**। „Ich wollte, ich hätte jenen Brief nicht geschrieben!“

काश ! वह **गया होता**। „Wenn er doch schon gegangen wäre!“

Der durative Konditional

§ 306 Der durative Konditional wird mit Hilfe des durativen Partizips und des Konditionals I des Verbs होना „sein“ gebildet. Beide verändern sich nach Genus und Numerus:

वह बोल रहा होता (रही होती) „wenn er (sie), es jetzt spräche“

§ 307 Der durative Konditional wird verwendet, um eine im gegebenen Augenblick andauernde Handlung zu bezeichnen, die Voraussetzung für den Vollzug einer anderen Handlung ist:

अगर माँ घर पर होतीं तो तुम ऐसे ऊटपटाँग न **कर रहे होते**। „Wenn die Mutter zu Hause wäre, würdest du jetzt nicht solche Dummheiten machen.“

3. Die Besonderheiten der transitiven Verben (सकर्मक क्रियाएँ) im Aktiv

§ 308 Alle intransitiven Verben werden nach dem Beispiel des oben aufgeführten intransitiven Verbs बोलना „sprechen“ konjugiert (s. auch Tabelle IV b). Alle transitiven Verben werden genauso konjugiert mit Ausnahme aller Formen, die mit Hilfe des einfachen perfektiven Partizips gebildet werden. Das sind: Präteritum, Perfekt, Plusquamperfekt, Futur III, Konjunktiv III und Konditional III. Diese Formen werden mit Hilfe der Postposition ने gebildet, die hinter das Subjekt gesetzt wird, und kommen nur in der dritten Person vor. Das Subjekt steht hier stets im Casus obliquus bzw. die Pronomen in der Ergativform (s. §§ 167 ff.):

उस ने पढ़ा। „Er las.“

किसान ने जोता। „Der Bauer pflügte.“

उन्हों ने दिया। „Sie gaben.“

§ 309 Wenn im Satz ein direktes Objekt im Casus rectus vorhanden ist, dann stimmt die Verbform in Genus und Numerus mit diesem Objekt überein:

लड़की ने **एक ख़त लिखा है।** „Das Mädchen hat einen Brief geschrieben."

लड़की ने **बहुत ख़त लिखे थे।** „Das Mädchen hatte viele Briefe geschrieben."

लड़की ने **एक चिट्ठी लिखी होगी।** „Das Mädchen wird einen Brief geschrieben haben."

लड़की ने **बहुत चिट्ठियाँ लिखी हों।** „Das Mädchen könnte viele Briefe geschrieben haben."

§ 310 Wenn der Satz kein direktes Objekt hat, oder das direkte Objekt mit der Postposition को steht, tritt das Verb in der unpersönlichen Form auf, d. h. unveränderlich in der dritten Person m. sg.:

हम ने ज़ोर से **बुलाया था।** „Wir hatten laut gerufen."

बाप ने अपने लड़के को **देखा।** „Der Vater erblickte seinen Sohn."

§ 311 Wenn zu ein und demselben Subjekt mehrere von transitiven Verben gebildete Prädikate gehören, die in einer das einfache perfektive Partizip enthaltenden Verbform stehen, dann stimmt jedes Prädikat mit dem von ihm regierten Objekt überein:

जहाज़ियों ने जहाज़ों पर **क़ब्ज़ा कर लिया** और अपनी रक्षा के लिये **हथियार उठा लिये।** „Die Matrosen besetzten die Schiffe und griffen zu ihrer Verteidigung zu den Waffen."

§ 312 Wenn im Satz eine Aufzählung als direktes Objekt auftritt, dann stimmt das Verb mit dem ihm am nächsten stehenden Substantiv dieser Aufzählung überein:

लड़के ने पेंसिल और **किताबें ख़रीद लीं।** „Der Knabe kaufte Bleistifte und Bücher."

§ 313 Folgende Verben, die ihrer Bedeutung nach transitiv sind und auch passive Formen bilden, treten nicht in der Konstruktion mit der Postposition ने auf:

भूलना	„vergessen"	बोलना	„sprechen"
ले जाना	„wegbringen"	बकना	„schwatzen"
ले आना, लाना	„bringen", „holen"		

§ 314 Bei folgenden Verben ist der Gebrauch der Postposition ने fakultativ:

समझना „verstehen“, जीतना „besiegen“, „siegen“, सीखना „lernen“, „studieren“, z. B.:

मैं तुम्हारी बातें **समझी** हूँ।
und
मैं ने तुम्हारी बातें **समझी** हैं।
„Ich habe deine Worte verstanden.“

§ 315 Wenn im Satz zu ein und demselben Subjekt mehrere Prädikate gehören, die von transitiven und intransitiven Verben gebildet sind und in einer Verbform mit dem einfachen perfektiven Partizip vorkommen, entsteht ein Konstruktionsbruch. Dieser besteht darin, daß das Subjekt in die Form gesetzt wird, die das ihm am nächsten stehende Prädikat fordert. Alle anderen Prädikate stehen unabhängig davon in der Form, in die sie den sie bildenden Verben zufolge gesetzt werden müssen:

उस ने **कई शब्द कहे** और **चला गया**। „Er sagte einige Worte und ging weg.“

लड़की कमरे में **आयी** और **अख़बार उठा लिया**। „Das Mädchen kam ins Zimmer und nahm sich die Zeitung.“

4. Die Formen des Passivs (अकर्मप्रधान oder कर्मवाच्य)[1]

§ 316 Die Formen des Passivs kommen in der Regel nur bei transitiven Verben vor. Sie werden mit Hilfe des einfachen perfektiven Partizips eines Verbs gebildet, an das die entsprechenden Tempusformen der Modi Indikativ, Konjunktiv und Konditional des Verbs जाना „gehen“ gesetzt werden. Passive Formen können auch mit allen zusammengesetzten Verben gebildet werden, wenn sie transitiv sind. Das Partizip des Hauptverbs stimmt mit dem Subjekt in Genus und Numerus überein:

चिट्ठी में यह **लिखा गया था** कि ...। „Im Brief stand geschrieben, daß ...“

मई में तीन संदूक़ **भेजे गये हैं**। „Im Mai sind drei Kisten abgeschickt worden.“

इधर बहुत मकान **बनाये जा रहे हैं**। „Hier werden viele Häuser gebaut.“

---

[1] Siehe auch Tabelle VI.

§ 317 Von den infiniten Verbformen bildet das Passiv den Infinitiv, z. B.: देखा जाना „gesehen werden", das passive Partizip (s. § 233), das Intentionspartizip, z. B.: देखा जानेवाला „derjenige, der gesehen werden soll" und das Absolutiv, z. B.: देखा जाकर „gesehen worden seiend".

§ 318 Die Formen des Passivs werden im Hindi nicht allzu oft verwendet. Nach Möglichkeit zieht man Konstruktionen mit intransitiven Verben im Aktiv vor, die passivischer Bedeutung sind, z. B.:

मकान बनाये जा रहे हैं und besser: मकान बन रहे हैं „Häuser werden gebaut".

§ 319 Das Passiv wird auch verwendet, um auszudrücken, daß es für jemanden unmöglich oder daß er nicht in der Lage war, etwas zu tun. Diese Konstruktion steht stets mit einer der Verneinungspartikeln नहीं oder न „nicht". In diesem Sinne kann auch von intransitiven Verben ein Passiv gebildet werden. Mit der Person, die nicht in der Lage ist, eine bestimmte Handlung zu vollziehen, steht die Postposition से.

Beispiele:

उस से **न रहा गया।** „Sie konnte es nicht aushalten."

मुझ से ऐसी सड़ी रोटी **खाई नहीं जाती।** „Ich kann solch verschimmeltes Brot nicht essen."

Das Verb जाना „gehen" bildet, wenn es in dieser Konstruktion als Hauptverb auftritt, das einfache perfektive Partizip den Regeln entsprechend = जाया, z. B.:

लेकिन मुझ से **जाया नहीं गया।** „Aber ich war nicht in der Lage zu gehen."

5. Die kausativen Verben (प्रेरणार्थक oder प्रयोजन-बोधक क्रियाएँ)

a) Die Bedeutung der kausativen Verben

§ 320 Von einfachen Verben werden mit Hilfe der Infixe **-आ** oder **-ला**, die zwischen Verbstamm und Verbsuffix -ना eingeschoben werden, andere Verben abgeleitet. Diese bilden entweder zu intransitiven Verben den transitiven Gegenpol oder fügen der Bedeutung transitiver Verben den Begriff des Veranlassens, Auftraggebens bei. Diese abgeleiteten Verben bilden das Kausativ I, z. B.:

सोना „schlafen" — सुलाना „einschläfern"
बनना „gemacht werden" — बनाना „machen"
उठना „aufstehen" — उठाना „aufstehen lassen (heißen)", „aufheben"

§ 321 Wenn das Kausativ I von einem transitiven Verb abgeleitet worden ist, treten zwei handelnde Personen auf — die veranlassende und die ausführende Person. Die ausführende Person erscheint grammatisch als indirektes Objekt, während die veranlassende Person Satzsubjekt ist:

पिताजी ने अतिथि को मिठाई **खिलायी** । „Der Vater setzte dem Gast Süßigkeiten vor (gab ihm Süßigkeiten zu essen)."

§ 322 Das Kausativ II (**प्रेरणार्थक**) wird mit Hilfe der Infixe **-वा** oder **-लवा** vom einfachen Verb gebildet. Es zeigt, daß der Initiator der Handlung nicht unmittelbar an ihr beteiligt ist, daß dieser nur den Auftrag dazu gegeben hat. Die Person, die die Handlung auszuführen beauftragt wird, steht gewöhnlich mit der Postposition से, z. B.:

मंत्री ने किस के हाथ से यह काग़ज़ **लिखवाया**? „Wen ließ der Minister dieses Dokument schreiben?"

वह सुनार से गहना **बनवाएगा** । „Er wird beim Juwelier Schmuck anfertigen lassen."

§ 323 Wenn das einfache Verb transitiv ist, wie z.B. पीना „trinken", dann gibt das Kausativ I पिलाना an, daß man jemandem den Auftrag gibt zu trinken, also „trinken lassen", „tränken", und das Kausativ II पिलवाना drückt aus, daß jemandem der Auftrag gegeben wird, durch wiederum jemand anders zu veranlassen, daß etwas getrunken wird, also „veranlassen, daß man trinken läßt".

Beispiele:

einfaches Verb:

लड़का दूध पीता है। „Der Knabe trinkt Milch."

Kausativ I:

माँ लड़के को दूध पिलाती है। „Die Mutter gibt dem Knaben Milch zu trinken."

Kausativ II:

माँ आया से लड़के को दूध पिलवाती है। „Die Mutter läßt dem Knaben durch die Amme Milch zu trinken geben."

§ 324 Wenn das einfache Verb intransitiv ist (oft haben diese Verben passivische Bedeutung, d. h. sie sind mediopassiv), dann bildet das Kausativ I das transitive Verb dazu und das Kausativ II gibt an, daß man etwas durch jemand anders tun läßt:

बनना „gemacht werden" — बनाना „machen" — बनवाना „machen lassen".

b) Die Bildung der kausativen Verben

Bei der Bildung der kausativen Verben bleibt der Verbstamm entweder unverändert oder nimmt eine andere Form an. Dementsprechend werden folgende Bildungsarten unterschieden:

§ 325 Zweisilbige Verbstämme mit kurzen Vokalen bleiben unverändert. Auch einige zweisilbige Stämme mit langem Vokal in der ersten Silbe gehören hierzu. Sie verwenden die Infixe -आ für das Kausativ I und -वा für das Kausativ II:

einfaches Verb:	Kausativ I:	Kausativ II:
चलना „sich bewegen"	चलाना „bewegen"	चलवाना „bewegen lassen"
पढ़ना „lesen"	पढ़ाना „lesen lassen", „lehren"	पढ़वाना „lehren lassen"
लिखना „schreiben"	लिखाना „schreiben lassen", „diktieren"	लिखवाना „diktieren lassen"
फैलना „sich ausbreiten"	फैलाना „ausbreiten"	फैलवाना „ausbreiten lassen"
सुनना „hören"	सुनाना „hören lassen", „erzählen"	सुनवाना „erzählen lassen"
बनना „gemacht werden"	बनाना „machen"	बनवाना "machen lassen"

§ 326 Dreisilbige Verbstämme mit kurzem अ in allen Silben, reduzieren das kurze अ der zweiten Silbe im Kausativ I. Sie verwenden die Infixe -आ für das Kausativ I und -वा für das Kausativ II:

einfaches Verb:	Kausativ I:	Kausativ II:
समझना *samajh'nā* „verstehen"	समझाना *sam'jhānā* „erklären", „verständlich machen"	समझवाना *samajh'wānā* „erklären lassen"
पकड़ना *pakaṛ'nā* „ergreifen"	पकड़ाना *pak'ṛānā* „ergreifen lassen"	पकड़वाना *pakaṛ'wānā* „anordnen, daß ergriffen wird"
बदलना *badal'nā* „sich verändern"	बदलाना *bad'lānā* „verändern"	बदलवाना *badal'wānā* „verändern lassen"

§ 327 Einsilbige Verbstämme, die auf einen langen Vokal auslauten, verkürzen diesen Vokal und verändern ihn oft auch qualitativ in beiden Kausativen: आ zu अ oder इ, ई zu इ, ऊ zu उ, ए zu इ und ओ zu उ, ऐ bleibt oder wird zu इ. Für das Kausativ I wird das Infix **-ला** und für das Kausativ II **-लवा** verwendet:

einfaches Verb:	Kausativ I:	Kausativ II:
खाना „essen"	खिलाना „essen lassen", „füttern", „ernähren"	खिलवाना „ernähren lassen"
पीना „trinken"	पिलाना „tränken", „zu trinken geben"	पिलवाना „tränken lassen"
सोना „schlafen"	सुलाना „einschläfern", „in den Schlaf wiegen"	सुलवाना „einschläfern lassen"
देना „geben"	दिलाना „geben lassen"	दिलवाना „anordnen, daß gegeben wird"

§ 328 Zweisilbige Verbstämme, deren erste Silbe einen langen Vokal enthält, verkürzen in der Regel diesen Vokal in beiden Kausativen. Als Infixe werden für das Kausativ I **-आ** und für das Kausativ II **-वा** verwendet, manchmal auch **-ला** und **-लवा**, z. B.:

einfaches Verb:	Kausativ I:	Kausativ II:
जागना „aufwachen"	जगाना „wecken"	जगवाना „wecken lassen"
बोलना „sprechen"	बुलाना „rufen"	बुलवाना „rufen lassen"
बैठना „sitzen"	बिठाना „setzen"	बिठवाना „setzen lassen"
देखना „sehen"	दिखाना , दिखलाना „zeigen"	दिखवाना, दिखलवाना „zeigen lassen"
ओढ़ना „bedecken"	उढ़ाना „bedecken lassen"	उढ़वाना „veranlassen, daß bedeckt wird"

§ 329 Zweisilbige und auch dreisilbige Stämme mit kurzen Vokalen bilden manchmal das Kausativ I ohne ein Infix, indem sie den Stammvokal verlängern (bei dreisilbigen Stämmen den Vokal der zweiten Silbe) oder qualitativ verändern. Hierzu gehören ebenfalls einige zweisilbige Stämme mit langem Vokal in der ersten Silbe, wie z. B. खींचना „ziehen". Das Kausativ II wird mit Hilfe des Infixes **-वा-** gebildet, das an den einfachen Verbstamm angefügt wird:

einfaches Verb:	Kausativ I:	Kausativ II:
मरना „sterben"	मारना „schlagen", „töten"	मरवाना „schlagen", „töten lassen"
खुलना „sich öffnen"	खोलना „öffnen"	खुलवाना „öffnen lassen"
निकलना „hervorkommen"	निकालना „entfernen"	निकलवाना „entfernen lassen"
छपना „gedruckt werden"	छापना „drucken"	छपवाना „drucken lassen"
बिगड़ना „schlecht werden"	बिगाड़ना „verderben"	बिगड़वाना „verderben lassen"
कटना „geschnitten werden"	काटना „schneiden"	कटवाना „schneiden lassen"

खींचना „ziehen“	खेंचना „ziehen lassen“	खिंचवाना „veranlassen, daß man ziehen läßt“

§ 330 Einige Verben verändern im Kausativ I und II nicht nur den Vokal, sondern auch den folgenden Konsonanten, wobei ट zu ड़ und क zu च werden:

einfaches Verb:	Kausativ I:	Kausativ II:
छूटना „frei werden“	छोड़ना „loslassen“	छुड़वाना „veranlassen, daß losgelassen wird“
फूटना „kaputt gehen“, „zerbrechen“ (intr.)	फोड़ना „zerschlagen“	—
फटना „reißen“ (intr.)	फाड़ना „zerreißen“	—
टूटना „brechen“, „reißen“ (intr.)	तोड़ना „zerreißen“, „zerbrechen“	—
बिकना „verkauft werden“	बेचना „verkaufen“	बिकवाना „verkaufen lassen“

§ 331 Völlig anders bilden das Kausativ I die Verben:

भीगना „feucht werden“ — भिगोना „naß machen“
डूबना „ertrinken“ (intr.) — डुबोना „ertränken“

§ 332 Theoretisch können von jedem Verb beide Kausative gebildet werden. Praktisch jedoch wird von mehreren Verben entweder nur das Kausativ I oder nur das Kausativ II oder auch gar kein Kausativ gebildet. Zum Beispiel bilden जाना „gehen“ und पड़ना „fallen“ keine Kausative. गाना „singen“ bildet nur das Kausativ II = गवाना „singen lassen“ und बचना „sich retten“ nur das Kausativ I = बचाना „retten“.

6. Die denominativen Verben (नामसाधित oder नामधातु क्रियाएँ)

Neue Verben werden im Hindi am häufigsten gebildet, indem Nomina mit einem Verb verbunden werden. Auf diese Weise entstehen die denominativen Verben.

§ 333 Transitive denominative Verben werden am häufigsten mit Hilfe des Verbs करना „machen“ gebildet:

गरम करना „warm machen“, „erwärmen“
विचार करना „denken“, „überlegen“, „sich Gedanken machen“
तैयार करना „vorbereiten“, „zubereiten“

§ 334 Intransitive denominative Verben verwenden meist होना „sein“ als Bildungsverb:

गरम होना „warm sein“, „sich erwärmen“
तैयार होना „bereit sein“, „sich bereit machen“

§ 335 Auch die Verben देना „geben“, लेना „nehmen“, रखना „setzen“, „stellen“, „legen“, खाना „essen“, „empfangen“, मारना „schlagen“, पाना „erhalten“, „bekommen“, आना „kommen“ u. a. können als bildende Verben auftreten, z. B.:

दिखाई देना (intr.) „erscheinen“, „auftreten“
दिखाई पड़ना „scheinen“
सुनाई देना (पड़ना) (intr.) „gehört werden“, „ertönen“
विश्वास रखना (करना) „glauben“, „vertrauen“
चोट खाना „geschlagen werden“, „einen Stoß empfangen“
चोट लगाना (मारना, पहुँचाना) „schlagen“, „stoßen“

§ 336 Im nominalen Teil der Verbindung treten oft Sanskritwörter oder Wörter aus anderen Sprachen auf:

स्वीकार (Skr.) करना „annehmen“, „anerkennen“, „einverstanden sein“
पास (E.) करना „ablegen (ein Examen)“
ख़रीद (P.) करना „kaufen“

§ 337 Meist bilden beide Glieder nur eine semantische Einheit und behalten ihre grammatische Selbständigkeit, d. h., das Substantiv regiert mit Hilfe bestimmter Postpositionen andere Substantive bzw. ordnet sich Adjektive oder Pronomen attributiv unter.

Beispiel:

चित्रकला में रुचि रखना „sich für Malerei interessieren“
बड़ी लम्बी-चौड़ी माफ़ी माँगना „des langen und breiten um Verzeihung bitten“

§ 338 In Konstruktionen mit der Postposition ने stimmt die Form des bildenden Verbs mit der nominalen Komponente überein, wenn diese ein Substantiv ist:

मैं ने इस पर **विचार किया है।** „Ich habe darüber nachgedacht."
उस ने कई जगह **नौकरी की।** „Er diente an vielen Orten."

§ 339 Bei intransitiven denominativen Verben ist das Substantiv in der nominalen Komponente Subjekt im Satz:

मुझे इस का **ख़याल था।** „Ich dachte daran."

§ 340 In einigen wenigen aus der großen Masse der denominativen Verben hat der nominale Teil seine grammatische Selbständigkeit aufgegeben, d. h., er gibt der Verbindung nur die Bedeutungsrichtung. Grammatisch kann dieses Substantiv dann nicht mehr vom Verb durch andere Vörter getrennt werden, ist weder Objekt noch Subjekt im Satz, hat keine Attribute bei sich, regiert keine anderen Wörter mit Hilfe von Postpositionen, steht stets ohne को, kann nicht in den Plural treten und auch nicht durch ein Pronomen ersetzt werden, z. B.:

हमारा काम **ख़त्म है।** „Unsere Arbeit ist beendet."
उस ने बहुत पैसे **ख़र्च किये।** „Er gab viel Geld aus."
एकाएक प्रतिभा ने इंटरनेशनल **शुरू किया।** „Plötzlich stimmte Pratibha die Internationale an."
माहुल को अपने इन कामों से कोई सन्तोष **अनुभव न होता था।**
„Mahul empfand keine Befriedigung durch diese seine Taten."

Zu diesen Verben gehören:

Transitive:

शुरू करना „anfangen", „beginnen"
ख़त्म करना „beenden", „aufhören"
व्यय (ख़र्च) करना „ausgeben", „vertun" (Geld)
भंग करना „beschädigen", „zerstören", „unterbrechen"
तय करना „bestimmen", „festlegen"
अदा करना „erfüllen", „ausführen"
महसूस (अनुभव) करना „fühlen"
हल करना „lösen" (Aufgabe)
इख़्तियार (धारण) करना „nehmen", „annehmen"
क़बूल (स्वीकार) करना „anerkennen", „einverstanden sein"
आगे करना „voranbringen"

रुख़सत (बिदा, विदा) करना „bringen“, „begleiten“, „fortlassen“, „verabschieden“
प्रदान करना „geben“, „überlassen“
नोट करना „bemerken“
क्षमा करना „vergeben“, „verzeihen“
अर्पण करना „einhändigen“, „übergeben“
भेंट करना „schenken“

Intransitive:

शुरू होना „anfangen“, „beginnen“
ख़त्म होना „aufhören“, „zu Ende sein“
ख़र्च होना „ausgegeben werden“
भंग होना „zerstört werden“
हल होना „gelöst werden (sein)“
तय होना „bestimmt sein (werden)“
अदा होना „verwirklicht, ausgeführt werden“
महसूस (अनुभव) होना „gefühlt werden“

§ 341 Bei anderen denominativen Verben ist die grammatische Selbständigkeit des Nomens bereits gestört. Sein Gebrauch als grammatisch selbständiges oder unselbständiges Glied im Satz ist schwankend:

Unselbständig:

मैं ने **रोज़गार तलाश करने** की हर मुमकिन कोशिश की। „Ich unternahm alles Mögliche, um eine Arbeit zu finden.“

Selbständig:

इन्द्रा कहती है कि सेठ नाज़नीन की जगह किसी दूसरी **एकट्रस की तलाश कर रहा है** „Indra sagt, daß der Unternehmer anstelle von Naznin eine andere Schauspielerin sucht.“

Zu diesen denominativen Verben gehören noch:

इस्तेमाल (m.) करना „benutzen“, „ausnutzen“, „verwenden“
स्मरण (m.), याद (f.) करना „denken an“, „sich erinnern an“
सहन (m.) करना „erdulden“, „ertragen“
पालन (m.) करना „erfüllen“, „einhalten“
क़तल (m.) करना „töten“, „ermorden“
बयान (m.) करना „erzählen“, „beschreiben“
प्रणाम (m.), सलाम (m.) करना „grüßen“, „begrüßen“

§ 342 Wenn im nominalen Teil ein Adjektiv steht, tritt es im Satz als Prädikatsnomen auf:

उन्हों ने आशा **प्रकट** की कि... „Er gab der Hoffnung Ausdruck, daß ..."

चूल्हा अब **गरम** होता जा रहा है। „Der Ofen erwärmt sich jetzt."

7. Die zusammengesetzten Verben (संयुक्त क्रियाएँ)

Im Hindi sind Zusammensetzungen von zwei Verben weit verbreitet, in denen das erste, das Hauptverb, die konkrete Bedeutung der gesamten Zusammensetzung trägt und das zweite, das bildende Verb (सहायक क्रिया), bis zu einem gewissen Grad seine Bedeutung verliert und nur ergänzende Bedeutungen oder Bedeutungsschattierungen in die Zusammensetzung hineinträgt. Hauptsächlich auf diese Weise werden im Hindi Aktionsarten gebildet, die die Quantität eines Vorgangs als Augenblick oder als Dauer messen bzw. die Art und Weise eines Vorgangs näher erläutern. Konjugiert wird in der Regel nur das bildende Verb, das in alle infiniten und finiten Formen des Aktivs treten kann, während das Hauptverb in einer infiniten Form des Aktivs oder Passivs auftritt.

Nach Art der Bildung unterscheidet man zusammengesetzte Verben, die gebildet werden mit Hilfe

— des Verbstammes und eines Hilfsverbs wie potentiale, komplettive und intensive Verben,

— des einfachen imperfektiven Partizips eines Verbs und eines Hilfsverbs wie die kontinuativen und die progressiven Verben,

— des einfachen perfektiven Partizips eines Verbs und eines Hilfsverbs wie die iterativen Verben und die Intentionsverben.

a) Die potentialen Verben (शक्यताबोधक oder शक्तिबोधक क्रियाएँ)

§ 343 Die potentialen Verben werden mit Hilfe des Stammes eines Verbs und der Hilfsverben सकना „können", „fähig sein" (selbständig wird सकना nicht verwendet) oder पाना „können", „dürfen" gebildet, die eine potentiale Möglichkeit ausdrücken:

खे सकना „rudern können"

बोल पाना „sprechen können (dürfen)"

Der Stamm des Hauptverbs bleibt unverändert. Alle Verbformen werden vom Hilfsverb gebildet. Die Konstruktion mit der Postposition ने wird bei den potentialen Verben nicht angewendet.

Beispiele:

हम उसकी बात कठिनाई से **समझ सके थे।** „Wir konnten ihn nur schwer verstehen."

बहिन पिताजी को **देख पायी।** „Die Schwester konnte den Vater sehen."

इस क्यों का जवाब मैं नहीं **दे सकता था।** „Auf dieses 'warum?' konnte ich nicht antworten."

b) Die kompletiven Verben (अंतबोधक oder पूर्णताबोधक क्रियाएँ)

§ 344 Das Hilfsverb **चुकना** „vollenden", „beenden", das selbständig nicht verwendet wird, fügt der Bedeutung des im Stamm auftretenden Hauptverbs den Begriff des Vollzugs, des endgültigen Abschlusses der Handlung bei:

पढ़ चुकना „durchlesen"

Die Konstruktion mit der Postposition ने wird bei den kompletiven Verben nicht angewendet.

Beispiele:

मैं इस किताब को **पढ़ चुका हूँ।** „Ich habe dieses Buch durchgelesen."

तुम अपना काम जल्द **कर चुकोगे।** „Ihr werdet eure Arbeit bald beenden."

जहाज की दुर्घटना में बहुत से लोग मर गये। अब तक ५०० शव **बरामद किए जा चुके हैं।** „Bei dem Schiffsunglück kamen viele Menschen ums Leben. Bis jetzt wurden fünfhundert Leichen geborgen."

c) Die intensiven Verben (अवधारणबोधक क्रियाएँ)

§ 345 Mit Hilfe der intensiven Verben wird die Art und Weise des Verlaufs eines Prozesses detaillierter dargestellt. Die Bedeutungen der bildenden Verben können weitgehend mit den Bedeutungen der verbalen Vorsilben im Deutschen verglichen werden. In der Regel werden nur transitive bzw. nur intransitive Verben zusammengesetzt. Eine Ausnahme bilden hier nur जाना „gehen", „weggehen" und आना „kommen", die auch an transitive Verben gesetzt werden können. Die Konstruktion mit der Postposition ने tritt nur bei den intensiven Verben auf, wo das bildende Verb ebenfalls transitiv ist.

Als bildende Verben treten auf:

लेना „nehmen“ डालना „werfen“
देना „geben“ पड़ना „fallen“
जाना „gehen“, „weggehen“ उठना „aufstehen“
ग्राना „kommen“ बैठना „sich setzen“, „sitzen“
रखना „setzen“, „stellen“, „legen“ रहना „bleiben“
छोड़ना „verlassen“, „aufgeben“

§ 346 Das bildende Verb **लेना** „nehmen“ drückt hauptsächlich aus, daß sich die im Hauptverb dargestellte Handlung in erster Linie auf das Subjekt bezieht, sich im Interesse des Subjekts vollzieht oder auch in Richtung auf das Subjekt vor sich geht:

बुला लेना „zu sich rufen“
पकड़ लेना „fassen“, „ergreifen“ (für sich)
बनवा लेना „anfertigen lassen“ (für sich)
बोल लेना „sprechen“ (eine Sprache fließend)

Beispiele:

मैं ग्रपनी मदद ग्राप **कर लूंगी।** „Ich werde mir selbst helfen.
जग्दीश ने उस सभा से सब संबंध **तोड़ लिये।** „Jagdisch brach alle Beziehungen zu jener Organisation ab.“

§ 347 Das bildende Verb **देना** „geben“ gibt an, daß sich eine Handlung vom Subjekt weg entfernt, daß sie vom Subjekt oft sogar für andere verrichtet wird:

बनवा देना „anfertigen lassen“ (für jemanden)
लिख देना „schreiben lassen“ (für jemanden)
भेज देना „wegschicken“
बोल देना (eine Sprache gebrochen) „sprechen“

Beispiel:

मैं ने उसको चाय **दिला दी।** „Ich ließ ihm Tee geben.“

Verben, die einen Zustand angeben, verleiht देना eine inchoative Bedeutung:

चल देना „losgehen“, „aufbrechen“
रो देना „in Weinen ausbrechen“
हँस देना „auflachen“, „in Lachen ausbrechen“

Beispiel:

यह सुनकर मैं ने ज़ोर से **हंस दिया।** „Als ich das hörte, lachte ich laut auf.“

§ 348 Das bildende Verb **जाना** „gehen", „weggehen" hebt bei intransitiven Verben, die einen Zustand bezeichnen, den Begriff des Werdens dieses Zustandes hervor:

होना „sein" — हो जाना „werden"
बसना „wohnen" — बस जाना „sich ansiedeln"
बैठना „sitzen" — बैठ जाना „sich setzen"

Beispiel:

क्या मैं इधर **बैठ जाऊँ**? „Soll ich mich hierhin setzen?"

Mit Verben, die einen Vorgang bezeichnen, unterstreicht **जाना** die Intensität und Vollständigkeit desselben:

सूख जाना „austrocknen"
टूट जाना „auseinanderbrechen"

Beispiel:

गर्मी से उसका मुँह बिलकुल **सूख गया**। „Durch die Hitze war sein Mund völlig ausgetrocknet."

Mit transitiven Verben weist **जाना** vorwiegend darauf hin, daß die im Hauptverb dargestellte Handlung sich entfernt oder daß das Objekt gänzlich von ihr betroffen ist:

छोड़ जाना „zurücklassen", „hinter sich lassen"
बचा जाना „fernhalten", „sich hüten vor"
भूल जाना „vergessen"
ले जाना „wegbringen", „fortschaffen"
खा जाना „aufessen"
पी जाना „austrinken"

Beispiele:

राम अपने दादा के शब्द **भूल गये**। „Ram vergaß die Worte seines Großvaters."

प्यासी धरती बारिश का जल **पी गई**। „Die durstige Erde saugte (trank) das Regenwasser völlig auf."

§ 349 Das bildende Verb **आना** „kommen" verleiht den Bedeutungen sowohl intransitiver als auch transitiver Verben den Begriff des Herankommens, des Sich-Näherns:

लौट आना „zurückkommen"
ले आना, लाना „bringen", „herbeibringen"
निकल आना „hervorkommen"

Beispiele:

मुझे बहुत पहले दिन याद हो आये थे। „Ich erinnerte mich an längst vergangene Tage."

यह औरत सब कुछ पीछे **छोड़ आई है।** „Diese Frau hat alles zurückgelassen."

§ 350 Das bildende Verb **रखना** „setzen", „stellen", „legen" verleiht dem Hauptverb die Bedeutung des Festhaltens an der Handlung und deren Resultaten:

लिख रखना „aufschreiben"

लगा रखना „befestigen", „anbringen"

पढ़ रखना „durchlesen (und beherrschen)"

Beispiel:

अपने लिए बहू ढूंढ़ने का काम मेरे दोस्त ने माँ पर **छोड़ रखा था।** „Mein Freund hatte es seiner Mutter überlassen, eine Frau für ihn zu suchen."

§ 351 Das bildende Verb **छोड़ना** „verlassen", „aufgeben" verleiht der Bedeutung des Hauptverbs den Begriff des Verlassens, Aufgebens:

लिख छोड़ना „aufschreiben (und es damit belassen)"

दे छोड़ना „weggeben"

Beispiel:

अपने क़र्ज़ चुकाने के लिये मैं ने तुम को वह रक़म **दे छोड़ी है।** „Ich habe dir jene Summe gegeben, um meine Schuld zu begleichen (und es damit abgetan zu haben)."

§ 352 Das bildende Verb **डालना** „werfen" verleiht dem Hauptverb den Begriff des Gewaltsamen, des Kraftvollen bzw. hebt ihn hervor:

काट डालना „abschneiden"

तोड़ डालना „zerreißen", „zerstören"

पीस डालना „zerdrücken", „zermalmen"

Beispiel:

तूफ़ान ने दरख़्त **तोड़ डाला है।** „Der Sturm hat den Baum zerstört."

§ 353 Das bildende Verb **पड़ना** „fallen" verleiht anderen Verben hauptsächlich die Bedeutung der Plötzlichkeit, manchmal auch der Zufälligkeit des Handlungsablaufs, was oft als unangenehm empfunden wird:

हँस पड़ना „auflachen“
गिर पड़ना „hinfallen“
आ पड़ना „sich ereignen“, „wie der Blitz aus heiterem Himmel erscheinen“

Beispiel:

जनता के सहस्र मुख **खुल पड़े** । „Die tausendköpfige Menge brüllte los (tat den Mund auf).“

§ 354 Das bildende Verb **उठना** „aufstehen“ verleiht der Bedeutung anderer Verben den Begriff der Aufwärtsbewegung, der Entwicklung und oft der Plötzlichkeit:

काँप उठना „erzittern“
रो उठना „aufschluchzen“
चिल्ला उठना „aufschreien“

Beispiel:

साम्राज्यवाद अब **लड़खड़ा उठा है** । „Der Imperialismus ist jetzt ins Wanken geraten.“

§ 355 Das bildende Verb **बैठना** „sich setzen“, „sitzen“ verleiht anderen Verben vorwiegend den Begriff des Bedauerns, der Enttäuschung:

खो बैठना „verlieren (leider endgültig)“
कर बैठना „etwas anstellen (leider)“
मार बैठना „drauflos schlagen (leider)“

Beispiel:

मैं यह क्या **कर बैठा** ! „Was habe ich bloß angestellt!“

§ 356 Das bildende Verb **रहना** „bleiben“ ergänzt die Bedeutung des Hauptverbs durch den Begriff des Bleibens, des Verweilens:

देख रहना „lange ansehen“, „betrachten“
आ रहना „herankommen“, „sich nähern“

Beispiel:

नींद आएगी तो इस कमरे में ही **पड़ रहूँगा** । „Wenn mich der Schlaf überfällt, werde ich mich in diesem Zimmer niederlegen.“

d) Die Zusammensetzung synonymer oder antonymer Verben

§ 357 Oft werden auch synonyme oder antonyme Verben zusammengesetzt, um die Intensität der Handlung hervorzuheben. In diesen

Zusammensetzungen tritt das Hauptverb im Stamm auf, seltener im Infinitiv:

कह सुनाना „sagen“, „erzählen“
आ निकलना „erscheinen“
आना जाना „besuchen“, „kreisen“, „kursieren“
देख भालना „beobachten“, „aufmerksam betrachten“
आ पहुँचना „ankommen“

§ 358 Bei den Zusammensetzungen mit dem Verbstamm wird nur das zweite Verb flektiert, bei den Zusammensetzungen mit dem Infinitiv sowohl das erste als auch das zweite, z. B.:

सुनीता ने चित्र को अच्छी तरह **देख भाला।** „Sunita betrachtete das Bild sehr aufmerksam.“

आदमी के बदन में ख़ून **आता जाता है।** „Im Körper des Menschen kreist das Blut.“

e) Die kontinuativen Verben (नित्यताबोधक क्रियाएँ)

§ 359 Mit Hilfe der Zusammensetzung des einfachen imperfektiven Partizips und des Hilfsverbs **रहना** „bleiben“ wird die ununterbrochene, lang anhaltende Dauer eines Prozesses hervorgehoben. Das Partizip richtet sich in bezug auf Genus und Numerus nach dem Subjekt. Die Konstruktion mit der Postposition ने tritt bei diesen Zusammensetzungen nicht auf:

जाता रहना „fortfahren zu gehen“, „weitergehen“
लिखता रहना „fortfahren zu schreiben“, „weiterschreiben“
रोता रहना „fortfahren zu weinen“

Beispiele:

बात बात पर गोदावरी **उलझती रहती है।** „Bei jedem Wort ereifert sich Godawri.“

हमारा देश अन्य देशों से मैत्रीपूर्ण संबंध **बढ़ाता रहेगा।** „Unser Land wird die freundschaftlichen Beziehungen zu anderen Ländern ständig erweitern.“

f) Die progressiven Verben (नित्यताबोधक क्रियाएँ)

§ 360 Die progressiven Verben werden mit Hilfe des einfachen imperfektiven Partizips eines Verbs und der bildenden Verben **जाना** „gehen“, „weggehen“, **आना** „kommen“, **चला जाना** „weggehen“ oder **चला आना** „kommen“ gebildet. Sie heben die Entwicklung, das Ansteigen eines Prozesses hervor, wobei जाना zeigt, daß der Prozeß vorwärtsgeht, in die Zukunft weist, also vom Subjekt weggeht, während आना darauf hinweist, daß sich die Handlung unverändert bis zur Gegenwart entwickelt hat, also aus der Vergangenheit auf uns zukommt. Das einfache imperfektive Partizip des Hauptverbs verändert sich nach Genus und Numerus, ebenso die erste Komponente der bildenden Verben चला जाना und चला आना. Die Konstruktion mit der Postposition ने wird hier nicht angewendet.

पढ़ता जाना „mit Erfolg fortfahren zu lernen"
आता जाना „sich mehr und mehr nähern"
गिरता चला आना „immer mehr fallen"

Beispiele:

वह **लिखता जाता है।** „Er schreibt und schreibt (er schreibt immerzu)!"

बहुत से विद्वान हिन्दी को राजभाषा बनाने के बारे में ज़ोरदार समर्थन **करते आ रहे हैं।** „Viele Gelehrte leisten aktive Unterstützung bei der Entwicklung des Hindi zur Staatssprache."

उस की संख्या **बढ़ती चली जाती है।** „Ihre Zahl wächst ständig."

मेरे नानाजी का स्वास्थ्य बराबर **गिरता चला गया।** „Die Gesundheit meines Großvaters verschlechterte sich immer mehr."

§ 361 Oft treten die Progressive im durativen Präsens oder im durativen Imperfekt auf, wodurch ihr Bezug auf einen bestimmten Moment unterstrichen wird, z. B.:

हमारे देश के और भारत के संबंध **दृढ़ होते चले आ रहे हैं।** „Die Beziehungen zwischen unserem Land und Indien festigen sich immer mehr."

g) Die iterativen oder frequentativen Verben

(रीतिबोधक, तत्परताबोधक oder अभ्यासबोधक क्रियाएँ)

§ 362 Bei den iterativen Verben setzt sich das unveränderliche einfache perfektive Partizip eines Verbs und das bildende Verb **करना** „machen" zusammen. Mit ihrer Hilfe wird eine reguläre, sich oft wiederholende Handlung ausgedrückt. Die Konstruktion mit der Postposition ने tritt bei den iterativen Verben nicht auf.

किया करना „oft machen", „regulär tun"
गाया करना „oft singen"

Beispiele:

रात को वह गाना **गाया करते हैं।** „Abends pflegen sie Lieder zu singen."

वह मेरे पास **आया करती थी।** „Sie pflegte oft zu mir zu kommen."

§ 363 जाना „gehen" verwendet hier sein regulär gebildetes Partizip जाया und nicht गया, z. B.:

आम तौर पर मई महीने में मौसमी कारणों से निर्यात **गिर जाया करता था।** „Gewöhnlich senkte sich der Export im Mai bedingt durch die Witterungseinflüsse."

दुकान के वक़्त कहीं मत **जाया करो!** „Gehe während der Geschäftszeit nirgendwo hin!"

h) Die Intentionsverben (इच्छाबोधक क्रियाएँ)

§ 364 Die Zusammensetzung des unveränderlichen einfachen perfektiven Partizips eines Verbs mit dem Verb **चाहना** „wollen" drückt eine Handlung aus, die beabsichtigt ist, die zu tun man bereit ist:

किया चाहना „zu tun beabsichtigen"

आया चाहना „zu kommen beabsichtigen"

Beispiel:

गाड़ी **जाया चाहती** है। „Der Zug muß (wird) gleich abfahren."

§ 365 Diese beabsichtigte Handlung kann auch durch das Intentionspartizip (s. §§ 216—217) oder durch den Infinitiv mit der Postposition को ausgedrückt werden:

वह जानेवाला था, वह जाने को था „Er wollte gehen".

F. Das Adverb (क्रिया-विशेषण)

Die Adverbien stehen als adverbiale Bestimmungen bei Verben (auch bei Partizipien und Absolutiven), Adjektiven und anderen Adverbien. Die Adverbien im Hindi teilen sich in ursprüngliche, die nicht zu anderen Wortarten gehören, und in funktionelle = andere Wortarten, die als Adverbien auftreten oder von denen mit Hilfe syntaktischer Mittel Adverbien gebildet werden. Ein Teil der ursprünglichen Adverbien wurde bereits im Zusammenhang mit den Pronomen aufgeführt (s. §§ 192 ff.).

1. Die ursprünglichen Adverbien

Zu den ursprünglichen Adverbien gehören temporale, lokale und modale.

§ 366 Temporale Adverbien (**कालवाचक क्रिया-विशेषण**) geben einen Zeitpunkt an. Die wichtigsten von ihnen sind:

आज „heute"
कल „morgen", „gestern"
अब „jetzt"
आजकल „jetzt", „heutzutage"
हमेशा „immer"
तुरंत „sofort", „augenblicklich"
परसों „vorgestern", „übermorgen"
तरसों „vor zwei Tagen", „in zwei Tagen"
नरसों „vor drei Tagen", „in drei Tagen"

§ 367 Lokale Adverbien (**स्थानवाचक क्रिया-विशेषण**) weisen auf den Ort oder die Richtung hin. Zu ihnen gehören:

यहाँ „hier"
वहाँ „dort"
कहाँ „wo?"
नीचे „unten"
ऊपर „oben"
भीतर „innen"
कहीं „irgendwo", „irgendwohin"
सामने „vorn", „vorwärts", „nach vorn"
पीछे „hinten", „rückwärts", „nach hinten"
पार „jenseits", „auf jener Seite"
वार „diesseits", „auf dieser Seite"
बाहर „außen"

§ 368 Modale Adverbien (**रीतिवाचक क्रिया - विशेषण**) geben die Art und Weise, das Maß oder den Grad an, z. B.:

यानी „das heißt"
बहुत „sehr"
मानों „als ob"
बिलकुल „völlig"
त्यों „so"
क्यों „warum?"
ज़रूर „bestimmt"
सच „richtig", „wahr"
सिर्फ़ „nur"
झट „schnell"
ठीक „genau", „richtig"
सच-मुच „richtig", „wahrhaftig"

§ 369 Alle diese Adverbien können sich wie Nomina mit den Postpositionen **से** „von", **तक** „bis", **में** „in", **का** u. a. zusammensetzen, z. B.:

अब से „von jetzt an"
कब से? „seit wann?"
कहाँ से? „woher?", „von wo?"
अभी तक „bis jetzt"
तब का „damalig"
आगे से „von vorn"
वहाँ तक „bis dahin", „bis dorthin"
अब का „heutig"
पीछे से „von hinten"
नीचे को „nach unten", „hinunter"

§ 370 Auch zusammengesetzte Postpositionen können an die Adverbien treten:

हमेशा के लिये „für immer"
आज की अपेक्षा „im Vergleich zu heute"

2. Die funktionellen Adverbien[1]

§ 371 Alle Adjektive können als Adverbien auftreten. Die unveränderlichen Adjektive behalten auch als Adverb ihre Form unverändert bei:

सही „richtig", „wahr"
अक्सर „viel" — „oft"
पर्याप्त „genügend" — „genug"

§ 372 Die veränderlichen Adjektive brauchen sich bei der Adverbisierung nicht zu verändern:

वह हिन्दी **अच्छा** बोलता है। „Er spricht gut Hindi."

Oft treten sie jedoch in den Casus obliquus m.:

बायें „links" धीरे-धीरे „langsam", „still"
धीमे - धीमे „still" पहले „zuerst", „anfänglich"

§ 373 Die von den Ordinalzahlen gebildeten Adverbien stehen stets im Casus obliquus m.:

दूसरे „zweitens", चौथे „viertens", सातवें „siebentens" usw.

§ 374 Viele Adverbien sind von Substantiven abgeleitet, wie z. B.:

आख़िर „endlich" सवेरे „früh morgens"
जल्दी „schnell", „bald" तड़के „im Morgengrauen"
ज़बर्दस्ती „gewaltsam" रोज़ „täglich"

§ 375 Durch die Zusammensetzung von Substantiven oder von Substantiven mit einer Verbform sind ebenfalls mehrere Adverbien entstanden wie:

दिन-दिन „täglich" पेट-भर „satt"
दिन-दोपहर „am hellichten Tage" आये दिन „täglich", „jeden Tag"
दिन-चढ़े „am Morgen"

---

[1] Siehe auch die Bildung von Adverbien mit Hilfe von Suffixen (§ 118).

§ 376 Einige Absolutive treten ebenfalls als Adverbien auf, z. B.:

फिर „von neuem“, „erneut“, „wieder“
मिलकर „zusammen“, „gemeinsam“, „vereint“
जान-बूझकर „bewußt“, „absichtlich“
एक एक करके „einzeln“
ख़ासकर, विशेषकर „besonders“

3. Möglichkeiten zur Bildung von Adverbien

§ 377 Temporale Adverbien werden meist mit Hilfe eines Substantivs und der Postpositionen **को**, **से**, **में** und **तक** oder des Partizips **हुए** gebildet:

दिन को „tagsüber“	शाम तक „bis zum Abend“
सुबह को „morgens“	पाँच महीने से „seit fünf Monaten“
दो दिन हुए „vor zwei Tagen“	दो हफ़्ते में „in zwei Wochen“

§ 378 Modale Adverbien können mit Hilfe eines Substantivs und der Postposition **से** gebildet werden:

क्रोध से „zornig“, सुख से „glücklich“, गर्व से „stolz“ usw.

§ 379 Andere modale Adverbien werden mit Hilfe von Adjektiven und der Substantive **तौर**, **ढंग** und **रीति** gebildet, die alle drei die Bedeutung „Art und Weise“ haben. Hinter **तौर** wird die Postposition पर gesetzt, hinter **ढंग** und रीति die Postposition से, z. B.:

आम तौर पर „gewöhnlich“, „allgemein“
ऐच्छिक तौर पर „freiwillig“
ऐतिहासिक ढंग से „historisch“
गुप्त रीति से „heimlich“

§ 380 Substantive in attributiver Verbindung mit Wörtern, die „Art und Weise“ bedeuten und mit einer Postposition stehen, bilden ebenfalls modale Adverbien, z. B.:

अधिकार के भाव से „mächtig“, „herrisch“
मिसाल के तौर पर „zum Beispiel“
मुख्य रूप से “hauptsächlich”

§ 381 Modale Adverbien werden auch gebildet, indem man dem Substantiv तरह „Art und Weise“ Adjektive oder adjektivische Pronomen attributiv unterordnet, wobei diese die weibliche Endung annehmen bzw. in den Casus obliquus sg. treten:

किसी न किसी तरह „irgendwie" | हर तरह „auf jede Art und Weise"

अच्छी तरह „gut" | इस तरह „so", „auf diese Art und Weise"

पूरी तरह „völlig"

§ 382 Adjektive bilden manchmal auch mit dem Absolutiv des Verbs होना „sein" = होकर modale Adverbien:

सशंक होकर „verdächtig", मजबूर होकर „gezwungen"

4. Adverbien aus dem Sanskrit

§ 383 Folgende Adverbien aus dem Sanskrit treten im Hindi auf:

सदा „immer"
सदैव „immer"
अकस्मात „plötzlich"
अत्यंत „äußerst"
निदान „endlich"
सहज „leicht"
अति „sehr"
तथा „so"
वृथा „umsonst"
केवल „nur"
मात्र „nur"
यथा „wie"
नित्य „ständig", „immer"
साक्षात „offen"
सर्वत्र „überall"
प्राय: „gewöhnlich", „größtenteils"
परम्परा „aufeinanderfolgend"
पश्चात „dann", „darauf", „später"
सारांश „mit einem Wort", „kurz und gut"
यथार्थ „gebührend", „wie es sich gehört"
कदापि „irgendwann", „manchmal"
एकदा „einstmals", „einmal"
एकत्र „an einem Ort"
अवस्था „unbedingt"
बहुधा „oft", „vielmals", „überhaupt"
अर्थात „das heißt"
निकट „nahe"
शीघ्र, सहसा, तुरंत „plötzlich", „schnell"

G. Die Postpositionen (परस्थ अव्यय oder संबंधवाचक अव्यय)

§ 384 Im Hindi gibt es keine Präpositionen, sondern nur Postpositionen = nachgestellte Verhältniswörter. Man unterscheidet einfache und zusammengesetzte Postpositionen. Sie erfordern, daß das vor ihnen stehende Substantiv und dessen Attribute — die dem Substantiv untergeordneten Adjektive, Pronomen, Numeralien usw. — in den Casus obliquus gesetzt werden. Bis auf drei Ausnahmen (s. § 401) stehen die Postpositionen nach dem Substantiv und geben das Verhältnis desselben zu anderen Wörtern im Satz an.

Beispiel:

कमरे में „im Zimmer", मेरे बड़े कमरे में „in meinem großen Zimmer".

§ 385 Die Postpositionen können mit dem Substantiv, hinter dem sie stehen, zusammen und auch getrennt geschrieben werden. Vorzuziehen ist die getrennte Schreibweise. Zwischen die Postposition und das Substantiv können emphatische Partikeln geschoben werden:

अख़बार बड़े भाई ही को दीजिये। „Geben Sie die Zeitung nur dem älteren Bruder."

1. Die einfachen Postpositionen (सामान्य संबंधवाचक अव्यय)

Zu den einfachen Postpositionen gehören: का (के, की), को, से, में, पर, तक und ने.

a) Die Postposition का, के, की

§ 386 Die Postposition का, के, की gibt den Besitz an (im Deutschen durch den Genitiv ausgedrückt):

बाप का घर „Vaters Haus", „das Haus des Vaters"

Sie ist eine attributive Postposition, da sie das vor ihr stehende Wort oder die vor ihr stehende Wortgruppe dem nächstfolgenden Substantiv attributiv unterordnet. Mit diesem Substantiv muß die Postposition in Genus, Kasus und Numerus übereinstimmen. Sie wird wie ein veränderliches Adjektiv behandelt.

Beispiele:

C. r. sg. m.: **लड़के का** कमरा „das Zimmer des Knaben"
C. r. sg. f.: **लड़के की** किताब „das Buch des Knaben"
C. o. sg. m.: **लड़के के** कमरे में „im Zimmer des Knaben"
C. r. pl. f.: **लड़के की** किताबें „die Bücher des Knaben"
C. r. pl. m.: **लड़के के** कमरे „die Zimmer des Knaben"
C. o. pl. m.: **लड़के के** कमरों में „in den Zimmern des Knaben"

§ 387 Die Postposition का, के, की kann attributiv unterordnen:

1. Substantive:

आदमी का बदन „der menschliche Körper"
लाहौर की सड़क „die Straße nach Lahor"

2. Infinitive:

चलने का रास्ता „ein Weg zum Gehen", „ein Gehweg"
पढ़ने की किताब „ein Buch zum Lesen"
पीने का पानी „Wasser zum Trinken", „Trinkwasser"

3. Adverbien:

यहाँ का अजायबघर „das hiesige Museum"
वहाँ का मन्दिर „der dortige Tempel"
ऊपर की चारपाई „das obere Bett"

4. Wortgruppen:

सब से पीछे का ग्राहक „der allerletzte Käufer"
बहुत तरह के वृक्ष „die verschiedensten Bäume"

§ 388 Die Postposition का, के, की übt folgende Funktionen aus:

1. Sie bezeichnet die Zugehörigkeit oder den Besitz:

बाप की ऐनक „Vaters Brille"
मेरी बहिन का बाग़ „meiner Schwester Garten"

2. Sie bezeichnet die Sorte oder Art bei Angabe der übergeordneten Gattung:

आम का दरख़्त „ein Mangobaum"
हिन्दी की किताब „ein Buch in Hindi"

3. Sie bezeichnet vor Substantiven und passiven Verbformen das Material, aus dem etwas hergestellt worden ist:

सोने का गहना „Schmuck aus Gold", „Goldschmuck"
पत्थर का घर „ein steinernes Haus"
बर्तन **ताँबे के** बनाये जाते हैं। „Das Geschirr wird aus Kupfer hergestellt."

4. Sie bezeichnet die Nationalität oder Kaste:

क़ौम का जरमन „Deutscher der Nationalität nach"
जाति का भारतीय „Inder der Nationalität nach"
ज़ात का अहीर „der Kaste nach Ahir (Hirte)"
जाति का ब्राह्मण „der Kaste nach Brahmane (Priester)"

5. Sie bezeichnet den Wohnort:

कलकत्ते का व्यापारी „ein Kaufmann aus Kalkutta"
देल्ही का रहनेवाला „ein Einwohner von Delhi"

6. Sie bezeichnet das Alter:

दस बरस की लड़की „ein zehnjähriges Mädchen"

7. Sie bezeichnet den Preis oder Wert:

बीस नये पैसे का स्टाम्प „eine Briefmarke zu zwanzig Neuen Paisas“

दो रुपये की किताब „ein Buch zu zwei Rupien“

8. Sie bezeichnet vor Partizipien das Agens oder das Werkzeug:

मुसीबत का मारा हुआ „vom Unglück verfolgt“

साँप का काटा „von einer Schlange gebissen“

आप की भेजी हुई मेज़ „der von Ihnen geschickte Tisch“

9. Sie bezeichnet den Autor:

तुलसी दास का रामायण „das 'Ramajana' von Tulsi Das“

नाटक का कवि „der Autor des Schauspiels“

10. Sie steht vor einigen Adjektiven:

रुपये का लालची „gierig nach Geld“, „geldgierig“

पानी का प्यासा „durstig (nach Wasser)“

हिम्मत का धनी „reich an Mut“, „mutig“

रोटी का भूखा „hungrig (nach Brot)“

11. Sie drückt mit dem Infinitiv und der negierenden Partikel नहीं eine strikte Verneinung aus:

ये आदमी **जाने के** नहीं „Diese Leute gehören nicht zu denen, die gehen.“

वह सेठ **पैसे देने का** नहीं „Jener Bankier gehört nicht zu denen, die Geld geben.“

12. Sie kann vor einem verbalen Substantiv das Objekt bezeichnen (zweideutig, da auch der Besitzer so bezeichnet wird):

उस का डर „seine Angst“ und „die Angst vor ihm“

माँ का प्रेम „die Liebe der Mutter“ und „die Liebe zur Mutter“

13. Sie bezeichnet den ständigen Besitz von etwas, das Haben:

उस की दो बेटियाँ हैं। „Er hat zwei Töchter.“

मेरी बहन की बहुत किताबें हैं। „Meine Schwester besitzt viele Bücher.“

14. Sie wird in Wiederholungen verwendet:
Im Casus rectus gibt sie der Wiederholung von Substantiven die Bedeutung der Ganzheit oder der Verstärkung:

घर का घर „das gesamte (ganze) Haus“

पानी का पानी „reinstes Wasser“

Im Casus obliquus gibt sie der Wiederholung von Substantiven eine distributive Bedeutung:

साल के साल „jedes Jahr“
हफ़्ते के हफ़्ते „jede Woche“
महीने के महीने „jeden Monat“
दम के दम में „jeden Augenblick“
बात की बात में „sofort“, „augenblicklich“
आन की आन में „im Augenblick“, „momentan“

In der Wiederholung von Adjektiven vermittelt sie die Bedeutung des Gewöhnlichen, Ständigen:

काले का काला „schwarz wie immer (wie gewöhnlich)“
अहमक का अहमक „dumm wie immer (wie gewöhnlich)“

In der Wiederholung von Pronomen und Adverbien verstärkt sie deren Bedeutung:

कुछ का कुछ, **क्या का** क्या „etwas ganz Besonderes“
कहीं का कहीं, **कहाँ का** कहाँ „irgendwo“, „ganz weit weg“

15. Bei adverbialen Partizipien wird mit ihrer Hilfe das Agens bezeichnet:

जहाज़ के रुकते ही „sofort als das Schiff anhielt“

16. Bei Infinitiven bezeichnet sie den Zweck:

पीने का पानी „Wasser zum Trinken“, „Trinkwasser“
पोंछने का काग़ज़ी रूमाल „eine Papierserviette zum Mundabwischen“

b) Die Postposition को

§ 389 Die Postposition को übt folgende Funktionen aus:

1. Sie gibt das indirekte Objekt (Dativobjekt) an:

मैं ने **उसको (उसे)** जवाब दिया। „Ich antwortete ihm.“
राम को एक चिट्ठी मिली। „Ram erhielt einen Brief.“

2. Sie gibt das direkte Objekt (Akkusativobjekt) an, wenn dieses ein Lebewesen bezeichnet oder besonders betont werden soll:

मैं ने **तुम को** देखा। „Ich sah euch.“
घोड़े को इधर लाओ। „Führe das Pferd hierher!“
किताब को दो। „Gebt das Buch her!“

3. Mit Infinitiven bezeichnet sie den Zweck, die Absicht oder die nahe Verwirklichung einer Handlung (oft wird hier die Postposition को auch weggelassen):

मैं सिनेमा **देखने (को)** जा रहा हूँ। „Ich gehe ins Kino."
वह यह **कहने को** था। „Er war nahe daran, es zu sagen."
सेब **गिरने को** है। „Der Apfel fällt gleich herunter."
गाड़ी **जाने को** है। „Der Zug ist zum Abfahren bereit."

4. Sie bildet Temporalbestimmungen (auch hier wird sie manchmal weggelassen):

दिन को, रोज़ को „tagsüber", „am Tage"
रात को, शब को „nachts", „in der Nacht"
दोपहर को „mittags", „zu Mittag"
सुबह को „morgens", „am Morgen"
शाम को „abends", „am Abend"
इतवार को „am Sonntag"
बुधवार रात को „Mittwoch nacht"

5. Sie bezeichnet die Richtung oder das Ziel, auf das sich jemand oder etwas zubewegt (auch hier kann sie weggelassen werden) = „nach", „zu":

मैं बर्लिन (को) जाऊँगी। „Ich werde nach Berlin fahren."
वह **बाज़ार (को)** जा रहा है। „Er geht zum Markt."

6. Mit dem Verb कहना „sprechen", „befehlen" bezeichnet sie die Person, der etwas befohlen wird, und mit dem Verb मिलना „sich treffen" die Person, der man zufällig begegnet:

उसने **मुझे** कहा। „Er befahl mir."
मैं उसको मिला। „Ich traf ihn zufällig."

7. Sie gibt in Konstruktionen, die „müssen", „sollen", „brauchen" ausdrücken oder innere Erlebnisse widerspiegeln, das Agens an:

मुझे काम करना है। „Ich muß arbeiten."
उसको क़लम चाहिये। „Er braucht eine Feder."
लड़की को डर है। „Das Mädchen hat Angst."
मोहन को यह फ़िल्म पसंद है। „Mohan gefällt dieser Film."

c) Die Postposition से

§ 390 Die Postposition से übt folgende Funktionen aus:

1. Sie bezeichnet das Werkzeug oder das Instrument = „mit", „durch":

क़ैंची से „mit der Schere"
हाथ से „mit der Hand"
डाक से „mit der (durch die) Post"

2. Sie hat assoziative Bedeutung = „mit", „zusammen mit":

वह **दुश्मन से** जा मिला। „Er ist auf die Seite des Feindes übergegangen (er hat sich mit dem Feind vereinigt)."
घोड़े को **खूँटे से** बाँधो! „Bindet das Pferd an den Pfahl!"
उस को **गले से** लगाओ! „Umarme ihn!"
मैं **उस की राय से** सहमत न हो सका। „Ich konnte mich ihrer Meinung nicht anschließen."

3. Sie hat zeitliche und örtliche Bedeutung = „von", „seit":

देहली से बम्बई तक „von Delhi bis Bombay"
सुबह से शाम तक „vom Morgen bis zum Abend"
कब से? „seit wann?"
तब से „seit damals"
यहाँ से „von hier"
कहाँ से? „woher?"
घर से निकलना „aus dem Hause gehen"

4. Sie gibt bei Vergleichen die Person oder den Gegenstand an, mit denen verglichen wird = „als":

मैं **तुम से** बड़ा हूँ। „Ich bin größer als du."
बिल्ली **कुत्ते से** कमज़ोर है। „Die Katze ist schwächer als der Hund."
वह **तुम से** बढ़ जाएगा। „Er wird dich übertreffen."

5. Sie gibt eine sachliche Beziehung an:

सिर से नंगा „mit unbedecktem Kopf"
आँख से काना „blind auf einem Auge"

6. Sie steht vor mehreren Verben zwecks Angabe des Objekts:

किसी से कहना „jemandem sagen"
किसी से मिलना „sich mit jemandem treffen (absichtlich)"
किसी से बातचीत करना „sich mit jemandem unterhalten"
किसी से प्रार्थना करना „jemanden bitten"
किसी से मुलाक़ात करना „sich mit jemandem treffen"
किसी से दोस्ती करना „mit jemandem befreundet sein"
किसी से वादा करना „jemandem versprechen"
किसी से वचन करना „jemandem versprechen"
किसी से नफ़रत करना „jemanden hassen"
किसी से मुहब्बत (प्रेम) करना „jemanden lieben, gern haben"
किसी से पेश आना „mit jemandem verkehren"
किसी से सलूक करना „mit jemandem verkehren"

किसी से शादी करना „jemanden heiraten"
किसी से लड़ना „mit jemandem kämpfen"
किसी से डरना „jemanden fürchten", „vor jemandem Angst haben"
किसी से पूछना „jemanden fragen"
किसी से माँगना „jemanden bitten"

7. Mit ihrer Hilfe werden von Substantiven Adverbien abgeleitet:
ज़ोर से „energisch", „laut"
ख़ुशी से „gern", „mit Vergnügen"
मुद्दत से „vor langer Zeit"

8. Sie bezeichnet in Sätzen, bei denen das Prädikat durch einen Kausativ oder eine Passivkonstruktion gebildet wird, das Agens:
मैं ने यह माला **सुनार से** बनवायी। „Ich ließ dieses Geschmeide beim Juwelier anfertigen."
चिट्ठी **बाप से** लिखी गयी है। „Der Brief ist vom Vater geschrieben worden."

9. Sie gibt den Grund oder die Ursache von etwas an = „aus", „vor":
ईर्षा से „aus Eifersucht"
क्रोध से „vor Zorn", „aus Zorn"

10. Sie gibt Quellen an = „aus", „von":
उर्दू से अनुवाद „eine Übersetzung aus dem Urdu"

11. Sie bezeichnet das Material, aus dem etwas hergestellt wurde = „aus":
पत्थर से बना „aus Stein hergestellt"

12. Sie bezeichnet das Fortbewegungsmittel und die Art der Fortbewegung = „mit":
बस से जाना „mit dem Bus fahren"
रास्ते से चलना „des Weges gehen"

d) Die Postposition में

§ 391 Die Postposition में übt folgende Funktionen aus:

1. Sie gibt den Ort an, in dem bzw. innerhalb dessen sich etwas befindet = „in" (wo?), „von", „unter":
घर में „im Hause"
कमरे में „im Zimmer"
सोवियत संघ में „in der Sowjetunion"

उन में एक „einer unter (von) ihnen"
सड़क में „auf der Straße"

2. Sie gibt den O r t an, in den hinein sich jemand oder etwas bewegt = „in" (wohin?):
कारख़ाने में जाना „in die Fabrik gehen"
गाड़ी में बैठना „sich in den Wagen setzen"

3. Sie gibt die Z e i t an, in der oder nach der etwas geschieht = „in", „innerhalb von":
वह **चार दिन में** आएगा। „Er kommt in vier Tagen."
इतने में „in dieser Zeit"

4. Sie gibt sachliche Beziehungen an:
अक़्ल में तेज़ „gescheit", „klug"
उम्र में बड़ा „älter an Jahren"
धूल में मिलाना „in Staub verwandeln"

5. Sie bildet A d v e r b i e n:
गुप्त में „heimlich"
प्रगट में „offen"
संक्षेप में „kurz", „in Kürze"
जल्दी में „in Eile", „hastig"
क्रोध में „im Zorn", „zornig"

6. Sie kommt in idiomatischen Wendungen vor:
पैर में जूता पहनना „Schuhe anziehen"
सरल हिन्दी में लिखा „in einfachem Hindi geschrieben"
मैं बंगाली में बोलता हूँ। „Ich spreche in Bengali."

7. Sie steht bei P r e i s a n g a b e n = „zu", „für":
आप को यह घड़ी **कितने में** मिली? „Für welchen Preis haben Sie diese Uhr bekommen?"
सौ रुपये में „für hundert Rupien"

8. Sie bezeichnet das K l e i d u n g s s t ü c k, das man trägt:
वह **कोट में** बाहर निकला। „Er ging im Mantel hinaus."

9. Sie steht bei einigen denominativen Verben:
किसी में दिलचस्पी लेना „sich für jemanden (etwas) interessieren"
किसी में बाधा डालना „jemandem ein Hindernis in den Weg legen"

e) Die Postposition पर

§ 392 Die Postposition पर übt folgende Funktionen aus:

1. Sie gibt den O r t an, auf dessen Oberfläche sich etwas befindet oder auf dessen Oberfläche sich etwas zubewegt = „auf" (wo? und wohin?):
   - मेज़ पर „auf dem (den) Tisch"
   - घोड़े पर „auf dem (das) Pferd"
   - **घोड़े पर** बैठना „auf dem Pferd sitzen", „sich auf das Pferd setzen"
2. Sie steht häufig mit d e n o m i n a t i v e n Verben:
   - किसी पर भरोसा करना „auf jemand (etwas) hoffen", „jemandem vertrauen"
   - किसी पर यक़ीन करना „an jemanden (etwas) glauben"
   - किसी पर हमला करना „jemanden (etwas) angreifen", „überfallen"
   - किसी पर विचार करना „über jemanden (etwas) nachdenken"
3. Sie gibt z e i t l i c h e Beziehungen an:
   - वक़्त पर „pünktlich", „zur Zeit"
   - तिस पर „danach"
   - तिस पर भी „selbst danach"
   - उस के चले जाने पर „nach seinem Weggang"
4. Sie weist auf die U r s a c h e hin = „wegen", „um ... willen":
   - किस क़ुसूर पर „um welcher Schuld willen?"
   - इसी बात पर „gerade deswegen"
5. Sie bezeichnet manchmal das P a t i e n s einer Handlung = „über":
   - **लेख पर** काम करना „über einem Artikel sitzen"

f) Die Postposition तक

§ 393 Die Postposition तक bestimmt die E n t f e r n u n g und die G r e n z e:

1. Örtlich = „zu", „bis":
   - लेनिनग्राद से **मास्को तक** „von Leningrad bis Moskau"
   - एक सिरे से **दूसरे सिरे तक** „von einem Ende zum anderen"
   - सिर से **पाँव तक** „vom Kopf bis zu den Füßen"
2. Zeitlich = „bis", „innerhalb von":
   - एक घंटे तक „innerhalb einer Stunde", „bis zu einer Stunde"
   - परसों तक „bis übermorgen (vorgestern)"
   - बहुत देर तक „lange Zeit"

3. Abstrakt = „bis“:

बच्चों से लेकर **बूढ़ों तक** „von den Kindern bis zu den Alten“, „von jung bis alt“

g) Die Postposition ने

§ 394 Die Postposition ने tritt an das Subjekt, wenn im Prädikat eine von einem transitiven Verb abgeleitete Verbform steht, die mit Hilfe des einfachen perfektiven Partizips gebildet worden ist, die Formen des Passivs ausgenommen (s. auch §§ 308—315):

माँ ने कहा कि . . . । „Die Mutter sagte, daß ...“
उस ने मुझे यह किताब भेजी है । „Er hat mir das Buch geschickt.“
भाई ने बाप को एक ख़त लिखा था । „Der Bruder hatte dem Vater einen Brief geschrieben.“
राम ने वह काम किया होगा । „Ram wird jene Arbeit getan haben.“
अगर **उन्हों ने** जवाब दिया हो । „Wenn sie eine Antwort gegeben hätten!“

2. Die zusammengesetzten Postpositionen (संयुक्त संबंधवाचक अव्यय)

Die zusammengesetzten Postpositionen bestehen entweder aus einfachen Postpositionen oder aus Substantiven, Adjektiven, Adverbien usw., vor die eine der beiden Genusformen des Casus obliquus der Postposition का = के oder की oder die Postposition से gesetzt wird.

§ 395 Einige wenige zusammengesetzte Postpositionen sind durch die Zusammensetzung von zwei einfachen Postpositionen entstanden:

में से „aus (heraus)“: बच्चा **घर में से** निकला । „Das Kind kam aus dem Haus heraus.“
पर से „von herunter“: **मेज़ पर से** लेना „vom Tisch herunternehmen“

§ 396 Die Mehrheit der zusammengesetzten Postpositionen wird mit Hilfe der beiden Genusformen des Casus obliquus der einfachen Postposition का = के und की gebildet, die vor Substantive, Adjektive, Adverbien usw. gesetzt wird:

1. Mit **के** zusammengesetzte Postpositionen:

के अंतर्गत „innerhalb“, „im Rahmen von“
के अंदर „innerhalb“, „in“
के अतिरिक्त „außer“, „mehr als“
के अधीन „abhängig von“, „in der Gewalt von“
के अनन्तर „nach“, „hinter“
के अनुसार „zufolge“

के अलावा „außer“, „mehr als“
के आगे „vor“ (örtlich)
के आस-पास „um ... herum“
के ऊपर „auf“, „über“
के क़रीब „nahe bei“, „bei“, „in der Nähe von“
के कारण „auf Grund von“, „wegen“
के ख़िलाफ़ „gegen“, „entgegen“
के गिर्द, के इर्द-गिर्द „um ... herum“
के ज़रिये „mit Hilfe von“, „durch“
के जैसे „ähnlich wie“, „wie“
(के) तले „unterhalb von“, „unter“
के दरमियाँ „inmitten von“, „zwischen“
(के) द्वारा „mit Hilfe von“, „durch“
के नज़दीक „nahe bei“, „bei“, „in der Nähe von“
के निकट „in der Nähe von“
के नीचे „unter“
के परे „auf die andere Seite von“
के पहले „vor“ (zeitlich)
के पार „auf der anderen Seite von“
के पास „an“, „nahe“, „bei“, „zu“
के पीछे „hinten“, „nach“
के पूर्व „vor“ (zeitlich)
के प्रकार „wie“, „ähnlich wie“
के प्रति „in bezug auf“, „gegenüber“
के प्रतिकूल „entgegen“, „wider“
के फलस्वरूप „im Ergebnis von“, „durch“
के बग़ैर „ohne“
के बजाय „anstelle von“
के बदले „als Ersatz für“, „anstelle“
के बराबर „wie“, „gleich“
के बाद „nach“ (zeitlich)
के बावजूद „ungeachtet“, „trotz“
के बाहर „außerhalb von“
के बिना „ohne“
के बीच „unter“, „von“, „in“, „in der Mitte von“, „zwischen“
के बीचों बीच „in der Mitte von“, „zwischen“
के भीतर „innerhalb“, „in“
के मातहत „abhängig von“, „in der Gewalt von“
के मारे „anläßlich“, „wegen“, „auf Grund von“, „zufolge“
के मुताबिक़ „entsprechend“
के यहाँ „bei“
के रूप में “in Form von”, “als”
के लिये „für“
के वक़्त „während“
के वसीले से „mittels“, „durch“
के वास्ते „für“
के विपरीत „im Gegensatz zu“, „gegen“
के विरुद्ध „gegen“, „entgegen“
के विषय „über“, „in bezug auf“
के सबब „auf Grund von“
के समय „während“
के समीप „nahe bei“, „bei“. „in der Nähe von“
के सहारे „mit Hilfe von“
के साथ „zusammen mit“

के सामने „vor" (örtlich), „in Anwesenheit von"
के सिवा „außer", „ausgenommen"
के हाँ „bei"
के हाथ „mittels", „durch", „mit Hilfe von" (nur bei Personen)

2. Mit **की** zusammengesetzte Postpositionen:

की अपेक्षा „im Vergleich zu"
की ओर, की तरफ़ „in Richtung auf", „zu"
की ख़ातिर „für", „wegen"
की जगह „anstelle von"
की तरह „ähnlich wie"
की बाबत „in bezug auf"
की बदौलत „infolge von", „zufolge", „dank"
की निस्बत „in bezug auf"
की भाँति „wie", „gleich"
की मदद (से) „mittels", „mit Hilfe von", „durch"
की मानन्द „ähnlich", „wie"
की वजह (से) „wegen", „um ... willen"

§ 397 Einige Adverbien setzen sich mit der einfachen Postposition **से** zusammen:

से आगे „vor" (örtlich)
से पहले „ehe", „vor" (zeitlich)
से पूर्व „ehe", „vor" (zeitlich)

§ 398 Die Postpositionen के **बिना** und के **बग़ैर** „ohne" treten ohne ihre erste Komponente के mit den einfachen und den zusammengesetzten Partizipien auf. Meist steht बिना vor dem Partizip, während बग़ैर nachfolgt:

बिना सोये „ohne geschlafen zu haben"
यह काम किये बग़ैर „ohne diese Arbeit getan zu haben"
बिना कोई विशेष उद्देश्य होते हुए „ohne daß ein besonderes Ziel vorhanden ist"

§ 399 In der Funktion von Postpositionen treten zusammen mit einfachen Postpositionen ebenfalls einige Absolutive und Partizipien auf:

से लेकर „angefangen von"
से (में, में से) होकर „über", „durch" (örtlich)
को लेकर „zusammen mit"
को छोड़कर „außer"
से बढ़कर „mehr als", „außer"
हुए „vor" (zeitlich)

§ 400 An zusammengesetzte Postpositionen können nochmals einfache angefügt werden:

के पास से „vorn", „an vorbei"

के बाहर से „an der Außenseite von entlang"

§ 401 Die Postpositionen के **सिवा** „außer", के **बिना** „ohne" und के **मारे** „wegen", „aus", „vor" werden manchmal geteilt und die zweite Komponente vor das zugehörige Substantiv gesetzt, was auf die im Urdu vorhandene, aus dem Arabischen entlehnte Isafetkonstruktion zurückzuführen ist:

बिना दूध के चाय „Tee ohne Milch"

सिवा उस के „außer ihm"

मारे लज्जा के „aus (vor) Scham"

§ 402 Die zusammengesetzten Postpositionen **के (से) पहले** „vor" und के **बाद** „nach" treten manchmal bei Wendungen, die einen Zeitabschnitt bezeichnen, ohne die erste Komponente के (से) auf:

दो दिन पहले „vor zwei Tagen"

कुछ महीने बाद „nach einigen Monaten"

§ 403 Die Postpositionen के **तले** „unter" und के **द्वारा** „durch", „mit Hilfe von" lassen oft ihre erste Komponente weg:

नीम के पेड़ (के) तले „unter dem Nimbaum"

समाचार-पत्रों (के) द्वारा „durch die Zeitungen"

H. Die Konjunktionen
(समुच्चयवाचक oder समुच्चयबोधक अव्यय)

Die Konjunktionen verbinden Satzteile und Sätze miteinander. Man unterscheidet koordinierende und subordinierende Konjunktionen.

1. Koordinierende Konjunktionen (समानाधिकारण समुच्चयवाचक अव्यय)

Die koordinierenden Konjunktionen verbinden gleichartige Satzteile oder gleichartige Sätze miteinander. Zu ihnen gehören die kopulativen, die adversativen und die disjunktiven Konjunktionen.

§ 404 Kopulative Konjunktionen (संयोजक समुच्चयवाचक अव्यय) sind:

और „und"

तथा, एवं, व „und", „auch" (vorzugsweise zur Verbindung gleichartiger Satzteile)

बल्कि , वरन् „nicht, sondern auch“
न . . . न „weder ... noch“

§ 405 Adversative Konjunktionen (विरोधदर्शक oder प्रतिबोधक समुच्चयवाचक अव्यय) sind:

लेकिन , पर , मगर „aber“, „sondern“
परन्तु , किंतु , अपितु „aber“, „sondern“
फिर भी , तथापि „dennoch“ „trotzdem“
तिस पर भी (selten) „dennoch“, „trotzdem“
बल्कि , प्रत्युत „im Gegenteil“
नहीं . . . , बल्कि „nicht ..., sondern“
न केवल . . . , बल्कि „nicht nur ..., sondern auch“
न कि „sonst“
नहीं तो „sonst“
वरना „wenn nicht“, „andernfalls“
अन्यथा „andernfalls“

§ 406 Disjunktive Konjunktionen (विभाजक समुच्चयवाचक अव्यय) sind:

या , अथवा „oder“
किंवा (veraltet) „oder“
कि (Umgangssprache) „oder“
वा (wenig gebräuchlich) „oder“
या (तो) . . . या „entweder ... oder“
चाहे . . . चाहे „sei es ... oder“, „entweder ... oder“
क्या . . . क्या „sei es ... oder“, „entweder ... oder“
चाहे . . . या „sei es ... oder“, „entweder ... cder“
न . . . न „weder ... noch“

2. Subordinierende Konjunktionen (व्यधिकरण समुच्चयबोधक अव्यय)

Die subordinierenden Konjunktionen ordnen Hauptsätzen Nebensätze unter. Zu ihnen gehören:

§ 407 Kausale Konjunktionen (कारणवाचक समुच्चयबोधक अव्यय):

क्योंकि , क्योंकर „da“, „weil“
इस लिये , इस लिये . . . कि „da“, „weil“
इस कारण कि „da“, „weil“
चूँकि . . . इस लिये „da“, „weil“

§ 408 Finale Konjunktionen (उद्देश्यवाचक समुच्चयबोधक अव्यय):

कि , ताकि „um zu“
इस लिये कि „deshalb“, „um zu“
(कि) जिस से „so“, „um zu“
(कि) जिस में „so“, „um zu“

§ 409 Konsekutive Konjunktionen (परिणामवाचक समुच्चयबोधक अव्यय):

इस लिये, इस वास्ते „deshalb"
इस से „deshalb"
अतः, अतएव „deshalb", „so"

§ 410 Konditionale Konjunktionen (संकेतवाचक समुच्चयबोधक अव्यय):

अगर ... तो, जो ... तो „wenn ..., dann"
जो ... सो, यदि ... तो „wenn ..., dann"
कहीं ... तो „wenn plötzlich ..., dann"
कदाचित ... तो „wenn plötzlich ..., dann"

§ 411 Konzessive Konjunktionen (संकेतवाचक समुच्चयबोधक अव्यय):

यद्यपि ... तथापि (तो भी) „obwohl", „wenn auch"
यद्यपि ... तिस पर भी „obwohl", „wenn auch"
फिर भी, लेकिन „obwohl", „wenn auch"
गोकि „obwohl", „wenn auch"
चाहे ... लेकिन (परंतु) „soll ..., trotzdem"
हाँ ... लेकिन „wahrhaftig ..., aber"

§ 412 Komparative Konjunktionen (तुलनावाचक समुच्चयबोधक अव्यय):

जैसे कि „wie"
कि जैसे „als ob"
मानों „als ob"
गोया „als ob", „gleichsam"

§ 413 Temporale Konjunktionen (कालवाचक समुच्चयबोधक अव्यय):

जब ... तब, जब ... तो „als (wenn) ..., da"
जब जब ... तब तब „als ... dann"; „jedes Mal, wenn"
जब ... उस समय (वक़्त) „damals ... als"
जिस समय ... तब (तो) „damals ... als"
जब कि „wenn", „zu der Zeit als"
जब तक कि „so lange, bis"
जब से „seitdem"
ज्यों ही (त्यों ही) „sobald"
जैसे ही (वैसे ही) „sobald"
ज्यों ज्यों ... त्यों त्यों „je mehr ... umso"
जहाँ ... तब „wenn (als) ..., dann"
कि „als plötzlich"

§ 414 Erklärende Konjunktionen (स्वरूपवाचक समुच्चयबोधक अव्यय):

कि „daß"
जो (veraltet) „daß"

§ 415 Lokale Konjunktionen (स्थानवाचक समुच्चयबोधक अव्यय):

जहाँ ... वहाँ „dort ... wo"
जहाँ से ... वहाँ „von wo ... dort"
जहाँ कहीं ... वहाँ „wohin auch (wo auch)"
जहाँ जहाँ ... वहाँ (वहाँ) „wo auch immer (wohin auch immer) ... dort"

I. Die Interjektionen
(द्योतक oder विस्मयादिबोधक अव्यय)

Die Interjektionen dienen dem Anruf von Personen und geben Gemüts- und Willensregungen sowie sinnliche Eindrücke wieder.

§ 416 Für die Anrede werden folgende Interjektionen verwendet (संबोधनद्योतक अव्यय):

ऐ, अाए, हे, अहो stehen vor einem Substantiv im Vokativ, z. B.:
ऐ बेटे !, हे बहिनो ! „o Sohn!", „o Schwestern!"

§ 417 Für den Anruf, um die Aufmerksamkeit einer anderen Person auf sich zu lenken, werden folgende Interjektionen verwendet:

अरे, रे (zu einem Mann) „hei!", „hallo!"
अरी, री (zu einer Frau) „hei!", „hallo!"
अहो, अजी „hören Sie!"
लो „hier!", „sehen Sie!"

§ 418 Emotionale Interjektionen geben wieder:

1. Freude (हर्षबोधक अव्यय):
   आहा !, वाहवाह ! „oh!", „ach!"
2. Anerkennung, Begeisterung (स्वीकृतिबोधक, विनयबोधक oder प्रशंसार्थक अव्यय):
   शाबाश ! „vortrefflich!"
   भला ! „nicht schlecht!"
   बस ! "genug !", "es reicht!"
   अच्छा ! „gut !"
   जय जय ! „hurra!"
   ठीक ! „richtig!"
3. Erstaunen, Verwunderung (आश्चर्यबोधक अव्यय):
   वाह ! „ach!"
   हैं ! „ach!"
   अक्खाह ! „ach!"
   वाहवाह! „ach!"
   ऐं ! „ai!"
   ओहो ! „oho!"
   क्या ?! „was ?!"

4. Ärger, Bedauern, Kummer (शोकबोधक अव्यय):

   आह! „ach!"
   हाय! „o weh!"
   अफ़सोस! „o weh!", „wie schade!"
   बाप रे! „ach du meine Güte!"
   राम राम! „ach du lieber Himmel!"

5. Furcht (भयबोधक अव्यय):

   आह! „ach!"
   राम राम! „Gott im Himmel!"
   दुहाई! „zu Hilfe!"
   त्राहि! „zu Hilfe!"

6. Tadel, Entrüstung, Verachtung, Ekel (तिरस्कारबोधक oder विरक्तिसूचक अव्यय):

   छी छी! „pfui!"
   बस! „basta!", „genug!"
   चुप! „schweig!"
   हट! „fort!", „hinaus!"
   दुर!, दुर दुर! „nieder!"
   थू थू! „pfui!"
   धिक!, धिक्कार! „welche Schmach!"

§ 419 Zu den Interjektionen gehören auch lautnachahmende Wörter:

धड़म-धड़म! „taram-taram!"
भौं-भौं! „piff-paff!"
चीं-चीं! „tirilli!"

§ 420 Die häufigste Grußform unter den Hindus ist:

राम राम! „Seien Sie gegrüßt!"

Weitere Grußformen der Hindus sind:

नमस्ते „Seien Sie gegrüßt!"
नमस्कार „Seien Sie gegrüßt!", „Meine Hochachtung!"
पालागी „Seien Sie gegrüßt!", „Meine Hochachtung!"
प्रणाम „Seien Sie gegrüßt!"

§ 421 Unter den Mohammedanern Indiens sind folgende Grußformen üblich:

सलाम „Seien Sie gegrüßt!"
तसलीमात „Seien Sie gegrüßt!"
बंदगी (selten) „Meine Hochachtung!"

§ 422 Weitere Redewendungen zum Ausdruck der Höflichkeit sind:

कृपया oder मेहरबानी करके „bitte!", „Seien Sie so liebenswürdig!"
धन्यवाद oder शुक्रिया „danke!"

J. Die Partikeln (अव्यय)

Die Partikeln geben einzelnen Wörtern oder auch ganzen Sätzen bestimmte Bedeutungsschattierungen. Man unterscheidet positive und negative Partikeln, Fragepartikeln und emphatische Partikeln.

1. Die positiven Partikeln (स्वीकारार्थक अव्यय)

§ 423 Die positiven oder bejahenden Partikeln sind:

हाँ, जी, जी हाँ, हाँ जी „ja".

Sie stehen vor jeder bejahenden Antwort oder als bejahende Antwort selbst. हाँ ist neutral, während जी, जी हाँ und हाँ जी betonte Höflichkeit ausdrücken.

§ 424 Als positive Partikeln werden außerdem noch Adverbien verwendet wie:

ठीक „richtig"
जरूर, अवश्य „natürlich", „sicher"
अच्छा „gut"

2. Die negativen Partikeln (निषेधार्थक अव्यय)

§ 425 Die negativen Partikeln sind:

नहीं „nein", „nicht", die hauptsächlich vor einem Prädikat stehen, dessen Verbform dem Indikativ angehört:

रत्ना अभी नहीं सो रही है। „Ratna schläft jetzt nicht."

नहीं dient auch als verneinende Antwort und wird oft mit जी verbunden:

क्या तुम कल आओगे? नहीं जी। „Wirst du morgen kommen?" „Nein."

न „nicht" steht vor allen Modi. Im Imperativ und im Optativ steht die Partikel न, wenn das Verbot weniger kategorisch ausgedrückt werden soll. Im Konjunktiv wird sie bevorzugt verwendet:

अभी सिगरेत न पीजिये। „Bitte rauchen Sie jetzt nicht."
इस तूफ़ानी मौसिम में कोई बाहर न चले। „Während dieses stürmischen Wetters sollte niemand hinausgehen."

मत „nicht" steht vor allen Befehlsformen und dem Optativ, wenn etwas verboten werden soll:

वहाँ मत जाओ! „Geh nicht dahin!"

§ 426 Die negativen Partikeln stehen meist vor dem konjugierten Verb:

हम गाय का दूध पसंद नहीं करते। „Wir trinken nicht gern Kuhmilch."

§ 427 Die Verbindung der Partikel **नहीं** mit dem Adverb **क्यों** hat einen bejahenden Sinn:

क्यों नहीं? „warum nicht?" = „natürlich", „ja"

3. Die Fragepartikeln (प्रश्नवाचक अव्यय)

§ 428 Die Fragepartikel **क्या** verwandelt einen Satz in einen Fragesatz, wenn kein anderes Fragewort vorhanden ist. Sie steht stets am Anfang des Satzes (ins Deutsche wird sie nicht übersetzt):

क्या वह सो रहा है „Schläft er?"

Am Satzende hat sie die Bedeutung von „nicht wahr?":

वह आया है, क्या? „Er ist gekommen, nicht wahr?"

In der Bedeutung von „nicht wahr" wird häufiger **न** verwendet:

तुम स्कूल जाओगे, न? „Du wirst in die Schule gehen, nicht wahr?"

§ 429 **क्यों**? „was?", „wie?" wird manchmal in der Umgangssprache als Partikel verwendet. Dem emotionalen Charakter nach nähert sie sich einer Interjektion, die Zweifel oder Entrüstung ausdrückt.

4. Die emphatischen Partikeln

Die emphatischen Partikeln heben einzelne Wörter im Satz hervor oder verändern deren Bedeutung bis zu einem gewissen Grade. Sie stehen direkt hinter dem hervorzuhebenden Wort.

§ 430 **ही** hat folgende Bedeutungen: a) „gerade", „ausgerechnet" und b) „nur". Meist hebt sie das entsprechende Wort im Satz hervor und kann ins Deutsche nicht übersetzt werden.

Beispiele:

मैं ही लिखूंगा। „Gerade ich werde schreiben."
यह शिक्षक ही को मालूम है। „Das weiß nur der Lehrer."
वह पढ़ता ही था। „Er las (schon, gerade)."

§ 431 **तो** „doch":

मैं ने तो कहा। „Ich sagte doch schon."

§ 432 **भी** steht nur nach Nomina und Partizipien (vgl. auch § 487). Sie hat die Bedeutung „auch", „selbst", „sogar".

Beispiel:

मैं भी आया था। „Auch (selbst, sogar) ich war gekommen."

§ 433 तक „sogar":

नौकर तक इस बात को जानते हैं। „Sogar die Diener wissen das."

§ 434 मात्र „nur" wird nur in sanskritisierten Texten verwendet. Sie steht unmittelbar hinter dem Nomen und wird oft mit ihm zusammengeschrieben.

Beispiel:

प्राचीन इतिहासमात्र में उन की अभिरुचि है। „Er interessiert sich nur für Alte Geschichte."

§ 435 भर wird meist nur an Substantive angefügt. Je nach dem Kontext bedeutet sie „nur", „allein" oder im Gegenteil „ganz":

क्षणभर „nur einen Augenblick lang"
संसार भर में „auf der ganzen Welt"
प्याला भर चाय „eine ganze Tasse Tee"

§ 436 सा wird wie ein veränderliches Adjektiv flektiert. Mit Substantiven und Pronomen drückt sie einen Vergleich aus:

कमल सी आँखें "Augen wie Lotosblüten"
मुझ सा "wie ich"

Farbadjektive schwächt sie in ihrer Bedeutung ab: नीला सा "bläulich"
Bei quantitativen Adjektiven verstärkt sie deren Bedeutung:

बहुत से लोग "sehr viele Leute"
थोड़ा सा घी "ein klein wenig Butterschmalz"

Häufig wird sie mit adjektivischen Prädikatsnomen vor den Verben मालूम होना, लगना "scheinen", "vorkommen" und दिखाई देना "aussehen" verwendet:

वह बीमार सा लगता है। "Er scheint krank zu sein."

§ 437 जी, श्री werden mit Eigennamen verwendet, um Ehrerbietung auszudrücken. जी wird nachgestellt, श्री vorangestellt:

मदनजी „Madan-dschi", „der ehrwürdige (ehrenwerte) Madan"
भाईजी „der verehrte Bruder"
पंडित जी „der verehrte Pandit"
लल्लू जी लाल „Lallu-dschi Lal"
श्री कालिदास „der ehrwürdige Kalidasa"

श्री kann auch mit der Bezeichnung berühmter Werke auftreten:

श्री महाभारत „Schri Mahabharata", „das ehrwürdige Mahabharata".

VII. DIE SYNTAX (**वाक्यरचना** oder **वाक्यविचार**)

A. Der einfache Satz (**सरल** oder **साधारण वाक्य**)

Der einfache Satz besteht in der Regel aus einem Subjekt und einem Prädikat, die durch Attribute, Objekte und adverbiale Bestimmungen erweitert werden können.

1. Die Satzarten

Man unterscheidet Aussage-, Ausrufe-, Aufforderungs- und Fragesätze.

§ 438 Der *Aussagesatz* teilt einen Sachverhalt mit:

हम ने मेहमानों का स्वागत किया। „Wir begrüßten die Gäste."

यह शहर बहुत बड़ा है। „Diese Stadt ist sehr groß."

§ 439 Im *Ausrufesatz* wird der Sachverhalt mit starker persönlicher Anteilnahme zum Ausdruck gebracht:

बेटा! इधर आओ! तेरा दोस्त आ गया! „Mein Sohn! Komm hierher! Dein Freund ist gekommen!"

§ 440 Der *Aufforderungssatz* gibt einen Wunsch oder einen Befehl wieder, etwas, was vom Angesprochenen verlangt wird:

अगर वह अभी आता! „Wenn er doch jetzt käme!"

कल नदी को मत जाओ! „Geh morgen nicht zum Fluß!"

§ 441 Im *Fragesatz* sucht der Sprecher Auskunft oder Entscheidung. Er enthält im Hindi stets ein Fragewort:

बाहर **कौन** है? „Wer ist draußen?"

तुम **क्या** करते हो? „Was machst du?"

यह **कौनसी** किताब है? „Was für ein Buch ist das?"

§ 442 Selbst wenn eine Frage allgemeiner Art gestellt wird, auf die mit „ja" oder „nein" zu antworten ist und die im Deutschen nur durch die Wortfolge und die Intonation gekennzeichnet wird, muß im Hindi immer die Fragepartikel **क्या** gesetzt werden, die stets am Anfang des Satzes steht und keinerlei semantische Bedeutung hat (s. auch § 428)[1]:

क्या तुम बर्लिन में रहते हो ? जी हाँ। „Wohnst du in Berlin? Ja."
क्या हम कल हवाई जहाज़ से सोवियत संघ जाएँगे ? जी नहीं। „Werden wir morgen mit dem Flugzeug in die Sowjetunion fliegen? Nein."

2. Das Subjekt (उद्देश्य oder कर्त्ता)

Das Subjekt ist der Gegenstand des im Satz Ausgesagten.

§ 443 Es steht meist im Casus rectus:

bandar ped par char rahe the

बन्दर पेड़ पर चढ़ रहे थे। „Die Affen kletterten auf einen Baum."
बाप घर जाता है। „Der Vater geht nach Hause."

§ 444 In Sätzen, wo das Prädikat von einem transitiven Verb gebildet wird und eine mit Hilfe des einfachen perfektiven Partizips gebildete Form enthält, steht das Subjekt im Casus obliquus mit der Postposition ने bzw. bei einigen Pronomen in der Ergativform s. auch §§ 167 ff. und §§ 308—315):

माँ ने भाई को बुलाया। „Die Mutter rief den Bruder."
उन्हों ने ऐसी बात सुनी होगी। „Sie werden das schon gehört haben!"

§ 445 Als Subjekt treten hauptsächlich folgende Wortarten auf:

1. das Substantiv:

वहाँ बहुत **भीड़** थी। „Dort waren viele Menschen."

2. das Pronomen:

vah phone karke samay bata degi

वह फ़ोन करके समय बता देगी। „Sie wird den Zeitpunkt telefonisch mitteilen."

3. der Infinitiv:

तेरा **गाना** मुझे पसन्द है। „Dein Gesang gefällt mir."

tera gana mujhe pasand hai

---

[1] Die Fragepartikel **क्या** darf nicht mit dem Fragepronomen **क्या** „was?" verwechselt werden, das stets vor dem Prädikat steht:

यह **क्या** है ? „Was ist das?"

Yah kya hai?

3. Das Prädikat (विधेय)

Das Prädikat macht eine Aussage über einen Gegenstand.

§ 446 Es stimmt entweder mit dem Subjekt oder dem direkten Objekt überein. In bestimmten Fällen steht es auch in einer neutralen Form. Eine Nichtübereinstimmung gibt es nur, wenn der Infinitiv als Imperativ auftritt:

वही आना ! „Er soll kommen!"

a) Die Subjektkonstruktion (कर्त्तरिप्रयोग)

§ 447 Das Prädikat kongruiert mit dem Subjekt in Person, Genus und Numerus, wenn in der Tempusform, die das Prädikat bildet, nicht das einfache perfektive Partizip eines transitiven Verbs enthalten ist (das Passiv ausgenommen):

लड़का खेल रहा है। „Der Knabe spielt."

औरतें पानी लाने **गयी हैं।** „Die Frauen sind weggegangen, um Wasser zu holen."

यह पुस्तक पिछले वर्ष **छापी गयी होगी।** „Dieses Buch wird im vorigen Jahr gedruckt worden sein."

§ 448 Manchmal steht das Subjekt im Singular und das Prädikat ist in den Plural gesetzt, um Hochachtung oder besondere Höflichkeit auszudrücken:

पिताजी मुझे अपना काम **सिखाएँगे।** „Der Vater wird mich sein Handwerk lehren."

b) Die Objektkonstruktion (कर्मणिप्रयोग)

§ 449 Das Prädikat stimmt in Genus und Numerus mit dem direkten Objekt überein, wenn es eine Tempusform mit dem einfachen perfektiven Partizip eines transitiven Verbs enthält und das direkte Objekt im Casus rectus steht. Das gilt ebenfalls, wenn das Prädikat ein Gerundiv enthält.

Beispiele:

1. Ergativkonstruktion mit direktem Objekt im Casus rectus:

राम ने खेत में **बीज बोया।** „Ram säte Samen auf dem Feld."

किसानों ने **लाठियाँ सँभालीं।** „Die Bauern hielten Knüppel (in der Hand)."

2. Gerundiv konstruktion:

Wenn vor den Verben होना „sein" und पड़ना „fallen" sowie vor der Optativform चाहिये ein Gerundiv steht, dann drückt diese Verbindung „müssen" oder „sollen" aus. Dieses Gerundiv und die Formen der oben aufgeführten Verben stimmen, wenn es sich um ein transitives Verb handelt, mit dem direkten Objekt in Genus und Numerus überein (s. auch § 211):

मुझे **दो पत्र लिखने हैं।** „Ich habe (muß, soll) zwei Briefe zu schreiben."

तुम को **टोपी पहननी पड़ेगी।** „Du wirst die Mütze aufsetzen müssen."

उस को अभी **काम करना चाहिये।** „Er muß jetzt arbeiten."

c) Die neutrale Konstruktion (भावेप्रयोग)

§ 450 Bei der neutralen Konstruktion steht das Prädikat unverändert in der dritten Person sg. m. Dies tritt ein:

1. wenn die Tempusform im Prädikat das einfache perfektive Partizip eines transitiven Verbs enthält und im Satz kein direktes Objekt vorhanden ist oder dieses durch einen Nebensatz ausgedrückt ist:

   माँ ने **कहा था** कि तुम जल्दी वापस आओ। „Die Mutter hatte uns gesagt, daß wir bald zurückkommen sollten."

2. wenn bei der Ergativkonstruktion ein direktes Objekt im Casus obliquus mit der Postposition को auftritt:

   मालिक ने अपने **नौकर को बुलाया।** „Der Besitzer rief seinen Diener."

3. wenn in unpersönlichen passiven Konstruktionen das direkte Objekt mit der Postposition को steht und ein Subjekt fehlt:

   चिट्ठियों को लिखा गया है। „Die Briefe sind geschrieben worden."

   उन्हें मारा गया। „Sie wurden geschlagen."

4. wenn in Gerundivkonstruktionen das Gerundiv von einem intransitiven Verb abgeleitet ist bzw. das direkte Objekt mit der Postposition को steht:

   मुझे अभी दफ़्तर **जाना है।** „Ich muß jetzt ins Büro gehen."

   उसे उस पत्रिका को **देखना पड़ेगा।** „Er wird sich jenes Journal ansehen müssen."

d) Mehrere Subjekte oder direkte Objekte zu einem Prädikat

§ 451 Wenn mehrere Subjekte zu einem Prädikat gehören und alle das gleiche Genus haben, kann das Prädikat sowohl in den Singular als auch den Plural dieses Genus gesetzt werden. Dasselbe gilt auch für die Objektkonstruktion beim Vorhandensein mehrerer direkter Objekte zu einem Prädikat:

क़लम और किताब अलमारी में **थीं**। „Feder und Buch befanden sich im Schrank."

रीता ने **बैल और घोड़ा देखे**। „Rita erblickte einen Büffel und ein Pferd."

§ 452 Wenn das Genus der Subjekte bzw. direkten Objekte verschieden ist, dann kann das Prädikat:

1. im Plural m. stehen (selten):

   उस के दो बेटे और तीन बेटियाँ थे। „Er hatte zwei Söhne und drei Töchter."

2. oder mit dem ihm am nächsten stehenden Substantiv kongruieren:

   धोबी ने मेरे लिये एक लहँगा और दो कमीज़ें **धोयीं**। „Der Wäscher wusch einen Rock und zwei Hemden für mich."

e) Die Formen des Prädikats

Der Struktur nach unterscheidet man das einfache und das zusammengesetzte Prädikat. Letzteres wiederum unterteilt man in das verbal und das nominal zusammengesetzte Prädikat.

§ 453 Das einfache Prädikat kann mit Hilfe der Tempusformen beider Genera verbi in allen Modi der einfachen, der zusammengesetzten und der denominativen Verben sowie von idiomatischen Wendungen gebildet werden:

नगेन्द्र के नये घर में कल बिजली **लगायी गयी**। „Gestern wurde in das neue Haus von Nagendra Licht gelegt."

बुलबुल बाग़ में **गाती है**। „Die Nachtigall singt im Garten."

क्या मैं **जा सकता हूँ**? „Darf ich gehen?"

हमारी बिल्ली अक्सर **सोया करती है**। „Unsere Katze schläft oft."

किश्ती जल्दी से **चल पड़ी**। „Das Boot fuhr schnell ab."

बाप यह बात सुनकर **आपे में न रहा**। „Der Vater geriet außer sich, als er dies hörte."

§ 454 Beim zusammengesetzten Prädikat tritt an die Verbform noch eine zweite Komponente, die entweder der Infinitiv eines Verbs = verbal zusammengesetztes Prädikat oder ein Prädikatsnomen = nominal zusammengesetztes Prädikat ist.

§ 455 Beim verbal zusammengesetzten Prädikat treten folgende Verben als K o p u l a auf:

1. **लगना** „anfangen", „beginnen" (**आरम्भबोधक क्रिया**) gibt den Beginn, das Einsetzen einer Tätigkeit oder eines Zustandes an, die durch ein Verb im flektierten Infinitiv auf **-ए** ausgedrückt werden:
   लड़की **रोने लगी**। „Das Mädchen fing zu weinen an."
   वह विश्वविद्यालय में **पढ़ने लगा**। „Er begann, an der Universität zu studieren."
2. **चाहना** „wünschen", „wollen" (इच्छाबोधक क्रिया) steht stets mit dem unflektierten Infinitiv auf **-आ**, manchmal mit dem Gerundiv:
   माँ चाय **पीना चाहती है**। „Die Mutter möchte Tee trinken."
   गाड़ी **छूटनी चाहती थी**। „Der Zug war im Begriff abzufahren."
3. **पाना** „erhalten", „dürfen" (अवकाशबोधक क्रिया) drückt die objektive Möglichkeit des Vollzugs einer Handlung aus. Der Infinitiv vor पाना ist ebenfalls flektiert auf **-ए**:
   वह मुझे **देखने न पाया**। „Er konnte mich nicht sehen (er hatte nicht die Möglichkeit, mich zu sehen)."
   वह यात्रा **करने न पायी**। „Sie konnte (durfte) nicht verreisen."
4. **देना** „geben", „erlauben" (अनुमतिबोधक क्रिया) drückt eine Erlaubnis aus. Der angeschlossene Infinitiv steht in der flektierten Form auf **-ए**:
   इन को **जाने दो**! „Laßt sie gehen!"
   बाप ने लड़के को कच्चा फल **खाने न दिया**। „Der Vater erlaubte dem Knaben nicht, unreifes Obst zu essen."
5. **पड़ना** „sollen", „müssen", **होना** „sollen", „müssen" (आवश्यकताबोधक क्रिया) und die Optativform **चाहिये** „notwendig", „nötig" fügen einem im Gerundiv stehenden Verb die Bedeutung des Sollens, Müssens bei (s. auch § 211):
   भीड़ पर क़ाबू पाना जब मुश्किल हो गया तो अधिकारियों को पुलिस **बुलानी पड़ी**। „Als es schwer wurde, der Menge Herr zu werden, mußten die Verantwortlichen die Polizei rufen."
   तुम को बात ठीक **बतानी चाहिये**। „Du mußt die Angelegenheit richtig erklären."

6. Verben der Bewegung stehen häufig mit einem flektierten Infinitiv auf **-ए** oder mit einem Infinitiv, dem die Postpositionen **के लिये** „für" oder **को** folgen. Im Deutschen wird diese Konstruktion durch einen Infinitivsatz gebildet. Sie drückt den Zweck einer bestimmten Bewegung aus:

मेरी बहन सिनेमा **देखने गयी है।** „Meine Schwester ist ins Kino gegangen (um einen Film zu sehen)."

वह इधर क़र्ज़ **लेने के लिये (को) आया था।** „Er war hierher gekommen, um sich Geld zu borgen."

§ 456 Das nominal zusammengesetzte Prädikat besteht aus einem Prädikativum (s. § 457 ff.) und einer Kopula:

बिस्कुट बड़ा **करारा मालूम होता था।** „Der Keks schien sehr hart zu sein."

इसी समय रामरूप दूकान के बाहर **आता हुआ दिखाई पड़ा।** „In diesem Augenblick wurde Ramrup, aus dem Laden kommend, sichtbar."

हमारा काम बच्चों को **समझाने का है।** „Es ist unsere Pflicht, die Kinder zu belehren."

f) Das Prädikativum (**विधेयविशेषण**)

Das Prädikativum ist ein Teil des nominal zusammengesetzten Prädikats, der eine Eigenschaft oder einen Zustand des Subjekts oder des direkten Objekts darstellt.

§ 457 Das Prädikativum hat verschiedene Formen. Es kann sein:

1. ein Substantiv im Casus rectus:

   मैं **विद्यार्थी** हूँ। „Ich bin ein Student."

2. ein Substantiv mit einer Postposition:

   यह कार्रवाई **साम्राजियों के विरुद्ध** है। „Diese Maßnahme ist gegen die Imperialisten (gerichtet)."

3. ein Adjektiv:

   लड़की **बड़ी** हो गयी है। „Das Mädchen ist groß geworden."

4. ein Pronomen:

   यह घर **मेरा** है। „Dieses Haus gehört mir."

5. ein Numerale:

   हम **तीन** हैं। „Wir sind drei (zu dritt)."

6. ein Infinitiv:

विद्यार्थियों का फ़र्ज़ पढ़ना है। „Es ist die Pflicht der Studenten zu lernen."

7. ein Partizip:

सभी कमरे भरे हुए थे। „Alle Zimmer waren belegt (gefüllt)."

§ 458 In der Funktion der Kopula treten sowohl intransitive als auch transitive Verben auf. Ist die Kopula ein intransitives Verb, dann stellt das Prädikativum stets eine Eigenschaft oder einen Zustand des Subjekts dar. Fungieren hier veränderliche Adjektive und Pronomen sowie Partizipien als Prädikativa, so kongruieren sie mit dem Subjekt in Genus, Kasus und Numerus. Vorwiegend treten folgende intransitive Verben als Kopulas auf: होना „sein", हो जाना „werden", रहना „bleiben", जान पड़ना, लगना, मालूम होना „zu sein scheinen", „vorkommen" und दिखाई (दिखलाई) देना (पड़ना), नज़र आना, दीखना „zu sehen sein", „vorkommen", „auftreten".

Beispiele:

आलू में मिर्च मुझे कुछ थोड़ी जान पड़ती है। „An den Kartoffeln scheint mir etwas zu wenig Pfeffer zu sein."

उस सारे कथन का खुलासा-मात्र उसके स्मरण में चिपका हुआ रह गया था। „Nur der Sinn dieser ganzen Rede war in seinem Gedächtnis haftengeblieben."

§ 459 In der Funktion der Kopula treten von den transitiven Verben vorwiegend auf: बनाना „machen", „bauen", समझना „halten für", मानना „anerkennen als", „verehren als", कहना „nennen", „heißen", ठहराना „halten für", „bestimmen zu", „zählen zu", बताना „erklären als". Da das direkte Objekt in diesen Konstruktionen in der Regel mit der Postposition को steht, werden als Prädikativum fungierende veränderliche Adjektive, Pronomen usw. stets in den Casus rectus sg. m. gesetzt.

Beispiele:

रामने अपने नये घर को बहुत ऊँचा बनाया। „Ram baute sein neues Haus sehr hoch."

मैं उसको अपना दोस्त समझता हूँ। „Ich halte ihn für meinen Freund."

§ 460 Eine besondere Konstruktion bilden die transitiven Verben देखना „sehen", सुनना „hören", पाना „finden" und पकड़ना „ergreifen" mit den einfachen und den zusammengesetzten Partizipien. Diese Konstruktion ersetzt den deutschen Akkusativ mit Infinitiv. Die imperfektiven Partizipien bezeichnen hier eine Handlung, mit deren Ausführung die im direkten Objekt dargestellte Person zur Zeit der Wahrnehmung durch eine andere beschäftigt ist. Die perfektiven Partizipien geben den Zustand an, in dem sich die im direkten Objekt dargestellte Person zur Zeit der Wahrnehmung durch eine andere befindet. Die imperfektiven Partizipien nehmen die neutrale Endung -ए an, während die perfektiven Partizipien mit dem direkten Objekt in Genus, Kasus und Numerus kongruieren. Beispiele:

बाद में मैं ने उन्हें एक बार मोटर में **जाते देखा था।** „Später sah ich ihn einmal im Auto vorbeifahren."

उसको तो मैंने रसूलपुर के बाहर **पड़ी हुई पाया था।** „Ich fand sie außerhalb von Rasulpur."

'लड़का . . . !' सआदत ने केवल यह एक शब्द उसके होंठों से **निकलते हुए सुना।** „'Ein Junge...!' Saadat hörte nur dieses eine Wort aus ihrem Munde (kommen)."

4. Das Objekt (कर्म)

a) Das indirekte Objekt (गौण कर्म)

§ 461 Das indirekte Objekt bezeichnet eine Person. Der Unterschied zwischen ihm und dem direkten Objekt kommt im Hindi jedoch, strukturmäßig gesehen, nicht so deutlich zum Ausdruck, da beide mit der Postposition **को** stehen. Beim indirekten Objekt können manchmal an die Stelle der Postposition को die Postpositionen **के लिये** oder **के वास्ते** „für" gesetzt werden. Im Unterschied zum direkten Objekt kann das indirekte niemals im Casus rectus stehen.

§ 462 Das indirekte Objekt kommt vor allem mit dem Verb देना „geben" vor:

दूकानदार ने **मुझ को (मुझे)** दो रोटियाँ दे दीं। „Der Ladenbesitzer gab mir zwei Brote."

§ 463 Das indirekte Objekt tritt auch mit intransitiven Verben auf, insbesondere mit intransitiven denominativen Verben, die ein Gefühl, eine Empfindung, eine Gewohnheit usw. bezeichnen. In diesem

Falle bezeichnet es das logische Subjekt — die Person, die etwas fühlt, empfindet usw., während das Substantiv, das dieses Gefühl bezeichnet, grammatisches Subjekt im Satz ist.

Beispiele:

मुझ को भूख लग रही है। „Ich habe Hunger."

तुम्हारे भाई को क्रोध आया। „Dein Bruder wurde zornig."

आज का तमाशा **सब लोगों को** पसन्द आया। „Die heutige Vorstellung gefiel allen."

मेरे दादाजी को शाम को हुक्का पीने की आदत है। „Mein Großvater hat die Angewohnheit, abends Pfeife zu rauchen."

§ 464 In den Konstruktionen, die „müssen", „sollen" ausdrücken, steht die Person, die etwas tun muß oder soll, als indirektes Objekt mit der Postposition **को** (s. auch § 211):

बच्चे को अपनी हरकतों के लिये क्षमा माँगनी चाहिये। „Das Kind muß sich für seine Streiche entschuldigen."

पूँजीवादी देशों में **मज़दूरों को** अपनी हालत सुधारने के लिए हड़ताल करनी पड़ती है। „In den kapitalistischen Ländern müssen die Arbeiter streiken, um eine Verbesserung ihrer Lage zu erreichen."

b) Das direkte Objekt (प्रधान कर्म)

§ 465 Das direkte Objekt ist das Glied im Satz, auf das die Handlung eines transitiven Verbs direkt gerichtet ist. Es kann im Hindi durch Substantive, Pronomen, Infinitive und andere substantivierte Wortarten dargestellt werden. Das direkte Objekt steht entweder im Casus rectus oder im Casus obliquus mit der Postposition **को**.

§ 466 Wenn das direkte Objekt nicht besonders hervorgehoben werden soll, kein Lebewesen bezeichnet oder ein substantivierter Infinitiv ist, steht es in der Regel nur im Casus rectus:

वह **चिट्ठी** लिखती है। „Sie schreibt einen Brief."

कुत्ते ने **अपना खाना** खाया। „Der Hund fraß sein Essen."

सेना ने विवादग्रस्त सीमा क्षेत्रों से **हटना** शुरू कर दिया है। „Die Armee hat den Rückzug aus den strittigen Grenzgebieten begonnen."

§ 467 Wenn das direkte Objekt etwas Bestimmtes darstellt oder ein Lebewesen bezeichnet, dann steht es im Casus obliquus mit der

Postposition **को**. Häufig ordnet es sich dabei ein oder mehrere Attribute unter.

Beispiele:

उस ने **अपने नौकर को** बुलाया। „Er rief seinen Diener."

इस लड़के को मैं ने हमारे गाँव में कभी नहीं देखा। „Diesen Knaben habe ich noch nie in unserem Dorf gesehen."

§ 468 Wenn im Satz noch ein indirektes Objekt vorhanden ist, steht das direkte Objekt stets im Casus rectus:

वह अपनी बेटी को **रोटी** खिलाती है। „Sie gibt ihrer Tochter Brot zu essen"

वे बच्चों को **इतिहास** पढ़ाते हैं। „Er unterrichtet die Kinder in Geschichte."

§ 469 In Passivsätzen kann das direkte Objekt im Casus obliquus mit der Postposition **को** bestehen bleiben:

उस को अध्यक्ष नियुक्त किया गया। „Er wurde zum Vorsitzenden ernannt."

c) Das postpositionale Objekt

§ 470 Einige Verben verlangen eine bestimmte Postposition, die mit dem Gegenstand oder der Person steht, auf die die Handlung gerichtet ist. Die Verben des Denkens, Sagens, Fragens, wie **कहना**, **बोलना** „sagen", **बताना** „erklären", „sagen", **पूछना** „fragen" usw., verlangen die Postposition **से**, z. B.:

उस से पूछ लो। „Frage ihn!"

बाप ने **माँ से** कहा कि बड़े लड़के को स्कूल में भेजना है। „Der Vater sagte der Mutter, daß der älteste Knabe zur Schule geschickt werden müsse."

§ 471 Auch das Verb **डरना** „sich fürchten" verlangt die Postposition **से** sowie viele transitive denominative Verben, die Gefühle und Empfindungen wiedergeben:

वह **मौत से** डरता है। „Er fürchtet den Tod."

माँ **अपने बच्चे से** बहुत प्रेम करती है। „Eine Mutter liebt ihr Kind sehr."

§ 472 Einige denominative Verben verlangen die Postpositionen **पर** „auf" oder **में** „in" für ihr Objekt:

किसी पर (में) विश्वास रखना „jemandem glauben"

किसी पर दया करना „mit jemandem Mitleid haben"
किसी पर भरोसा रखना „auf jemanden hoffen", „jemandem vertrauen"
किसी पर हमला करना „jemanden angreifen"

d) Einige Besonderheiten der Objektbildung im Hindi

§ 473 Mit dem Verb कहना in der Bedeutung „befehlen" steht das Infinitivobjekt im Casus obliquus mit der Postposition **को**, z. B.:

उस ने मुझे **काग़ज़ ले जाने को** कहा। „Er befahl mir, Papier zu holen."

§ 474 Der Infinitiv kann auch als Objekt bei den Adjektiven **योग्य** und **लायक़** „fähig", „wert", „würdig" auftreten. Er steht hier entweder im Casus obliquus ohne eine Postposition oder mit der Postposition **के**, z. B.:

वह हमारी संस्था में **काम करने योग्य** है। „Er ist würdig, in unserer Institution zu arbeiten."

यह तमाशा **देखने (के) लायक़** है। „Dieses Schauspiel ist es wert, gesehen zu werden."

5. Das Attribut (**विशेष्य - विशेषण**)

Das Attribut charakterisiert die Merkmale von Personen, Dingen, Eigenschaften, Umständen usw.

§ 475 Als Attribut können fungieren: Adjektive[1], adjektivische Pronomen, Numeralien, Partizipien und Substantive mit der Postposition **का**, **के**, **की**, die, wenn sie veränderlich sind, mit dem übergeordneten Substantiv in Genus, Kasus und Numerus kongruieren:

हमारे कमरे „unsere Zimmer"
हरी घास „grünes Gras"
तेरे प्यारे भाई का घर „das Haus deines lieben Bruders"
खोया गया समान „die verlorengegangenen Sachen"
किस टिकट पर „auf welcher Fahrkarte?"

---

[1] An ein Adjektiv, Substantiv, Partizip oder an eine Wortgruppe kann die Partikel सा angefügt werden, die mit dem übergeordneten Substantiv ebenfalls in Genus, Kasus und Numerus übereinstimmen muß:

पीले से पत्ते „gelbliche Blätter"
मैली सी मेज़ पर „auf dem schmutzigen Tisch"
हाथी का सा कान „ein Ohr wie bei einem Elefanten"

§ 476 Wenn ein Attribut zwei oder mehreren Substantiven mit verschiedenen Genera untergeordnet ist, stimmt es mit dem ihm am nächsten stehenden überein oder steht im maskulinen Genus pl. (seltener):

स्कूल के लड़के और लड़कियाँ „Schuljungen und Schulmädchen"
स्कूल की अध्यापिकाएँ और अध्यापक „die Lehrerinnen und Lehrer der Schule"
अपने माता और चाचा को „seiner Mutter und seinem Onkel"

§ 477 Ein mit der Postposition **का** gebildetes Attribut steht in der Regel vor einem als Attribut fungierenden Adjektiv:

रमेश की छोटी बहिन „die jüngere Schwester Rameschs"
घर की सामनेवाली तरफ़ „die Vorderseite des Hauses"

§ 478 Bei einem Substantiv oder Personalpronomen kann auch ein anderes Substantiv als Apposition stehen, d. h., dieses Substantiv bestimmt die Kategorie des anderen Substantivs näher. Die Apposition wird mit dem ihm übergeordneten Substantiv nur durch eine Postposition formiert, wenn beide im Casus obliquus stehen:

धर्मयुग **पत्रिका** में „im Journal 'Dharmjug'"
गंगा **नदी** से „durch den Fluß Ganges"
मुझ **विद्यार्थी** को „mir, dem Studenten"
मेरे छोटे लड़के मोहन के साथ „mit meinem jüngsten Sohn Mohan"

§ 479 Zwischen das übergeordnete Substantiv und die Apposition können auch Bindewörter wie **यानी, अर्थात** „das heißt", **जैसा, सरीखा** „ein solcher, wie", **नामक** „namens" u. a. gesetzt werden:

फ़िरोसपुर **नामक गाँव** में „im Dorfe namens Firospur"

6. Die Adverbialbestimmung (क्रिया-विशेषण)

Die Adverbialbestimmung gibt örtliche, zeitliche, ursächliche u. ä. Beziehungen zwischen Dingen, Vorgängen und Zuständen an.

§ 480 Sie steht bei einem Verb, bei einem Adjektiv oder bei einem Adverb:

मेहमान **अभी** आते हैं। „Die Gäste kommen gleich."
शतरंज **बड़ा** दिलचस्प खेल है। „Schach ist ein interessantes Spiel."
बहुत जल्दी जाओ। „Geh sehr schnell."

§ 481 Als Adverbialbestimmung fungieren die verschiedenen Arten von Adverbien, Absolutive und Partizipien:

दुकानें **अभी भी** खुली हैं। „Die Läden sind auch jetzt noch geöffnet."
होरी ने अपनी मिरज़ाई को बड़ी सावधानी से **तह करके** खाट पर रख दिया। „Hori legte seine Weste aufs Bett, nachdem er sie sehr sorgfältig zusammengelegt hatte."
दोनों ने **गर्दन हिलाते हुए** एक दूसरे को देखा। „Beide sahen sich kopfschüttelnd an."

Man unterscheidet folgende Adverbialbestimmungen:

a) Die Lokalbestimmung

§ 482 Die Lokalbestimmung bezeichnet den Ort einer Handlung oder eines Zustandes (Frage: किधर?, कहाँ? „wo?"), die Richtung bzw. das Ziel (Frage: किधर?, कहाँ? „wohin?") oder den Ausgangspunkt (Frage: किधर से?, कहाँ से? „woher?"):

हम **बंबई (को)** चलेंगे। „Wir werden nach Bombay fahren."
बाज़ार में काफ़ी भीड़ है। „Auf dem Markt sind viele Menschen."
वह **स्टेशन से** आया। „Er kam vom Bahnhof."
पुस्तक **मेज़ पर** है। „Das Buch liegt auf dem Tisch."

b) Die Temporalbestimmung

§ 483 Die Temporalbestimmung bezeichnet den Zeitpunkt (Frage: कब? „wann?"), den Anfang (Frage: कब से? „seit wann?"), das Ende (Frage: कब तक? „bis wann?"), die Zeitdauer (Frage: कितने समय तक? „wie lange") und die Wiederholung einer Handlung bzw. eines Zustandes (Frage: कितनी बार? „wie oft?"):

हम **आज** अपने देश वापस जाएँगे। „Wir kehren heute in unsere Heimat zurück."
बहुत दिन हुए भारत में अशोक शासन करते थे। „Vor langer Zeit regierte Aschoka in Indien."
कल से उस की छुट्टियाँ होंगी। „Ab morgen hat er Urlaub."
पन्द्रह तारीख़ तक विदेशी विशेषज्ञ इस कारख़ाने में काम करता था। „Der ausländische Spezialist arbeitete bis zum 15. in dieser Fabrik."
लड़कियाँ **दो हफ़्ते** बर्लिन में ठहरेंगी। „Die Mädchen werden zwei Wochen in Berlin bleiben."

मैं ने तुम से **सौ बार** कहा है कि खाते समय मत बोलो। „Ich habe dir schon hundertmal gesagt, daß du während des Essens nicht sprechen sollst."

c) Die Modalbestimmung

§ 484 Die Modalbestimmung bezeichnet:

1. die Art und Weise im engeren Sinne (Frage: कैसे?, किस तरह? „wie?"):

   उस ने **अति प्यार से** कहा। „Er sagte sehr liebevoll."

a) einen Vergleich (Frage: कैसे?, किस तरह?, किस प्रकार?, किस भाँति?, किस रीति? „wie?"):

   आदमी **उस के जैसा** ढूंढ़े न मिलेगा। „Einen Menschen wie ihn kann man lange suchen."

b) Angaben über fehlende oder begleitende Umstände (Frage: किस बिना? „ohne was?", „ohne wen?", किस के साथ? „mit wem?"):

   बिना पूछे उस ने घड़ी ले ली। „Ohne zu fragen nahm er die Uhr."

   तुम्हारे साथ मैं नहीं रह सकता। „Mit dir zusammen kann ich nicht wohnen."

c) Angaben über den Grad, die Intensität des Geschehens (Frage: कैसे? „wie?"):

   दाम **बहुत** गिरे। „Die Preise fielen stark."

   आज हवा **बहुत** तेज़ है। „Heute ist der Wind sehr heftig."

d) Maß- und Wertangaben (Frage: कितने (में)?, कैसे? „wieviel?", „was?"):

   आज एक दर्जन केले **एक रुपये में** मिलते हैं। „Heute kostet ein Dutzend Bananen eine Rupie."

2. das Mittel oder das Werkzeug (Frage: किस से? „womit?"):

   दर्ज़ी **सूई, धागे और क़ैंची से (के द्वारा, के ज़रिये)** अपना काम करता है। „Der Schneider arbeitet mit Nadel, Faden und Schere."

3. den Stoff oder das Material (Frage: किस से? „woraus?"):

   इस बूढ़ी औरत की झोंपड़ी **मिट्टी से** बनी हुई है। „Die Hütte dieser alten Frau ist aus Lehm gebaut."

   मोची **चमड़े से** जूते बनाता है। „Der Schuhmacher macht Schuhe aus Leder."

4. den Grad der Wahrscheinlichkeit einer Aussage:

   शायद वह सोता होगा? „Vielleicht schläft er?"

d) Die Kausalbestimmung

§ 485 Die Kausalbestimmung bezeichnet:
1. den Grund oder die Ursache (Frage: क्यों? „warum?", किस के कारण ? „weswegen?"):
   उस ने यह **आप के कारण** किया। „Sie tat das Ihretwegen."
2. den logischen Erkenntnisgrund (Frage: किस से ? „woran?"):
   इन सब ख़बरों से आप को इस समस्या का महत्त्व मालूम हो जाएगा। „Aus all diesen Nachrichten werden Sie die Wichtigkeit dieser Frage erkennen."
3. die Einräumung = Konzessivbestimmung (Frage: किस बात के बावजूद ? „trotz welchen Umstandes?"):
   सब कुछ **विरुद्ध होने पर भी** हम गाँव पहुँचे। „Obwohl alles gegen uns war, erreichten wir das Dorf."
   शोर के बावजूद बच्चा सो रहा था। „Das Kind schlief trotz des Lärms."
4. die Bedingung = Konditionalbestimmung (Frage: किस शर्त्त पर ? „unter welcher Bedingung?"):
   स्वेच्छापूर्वक काम करने पर कुछ मुश्किल नहीं है। „Bei gutem Willen ist nichts zu schwer."
5. die Absicht, den Zweck = Finalbestimmung (Frage: किस लिए ? „wozu?"):
   बहुत लोग **आराम करने के लिए** पहाड़ों में जाते हैं। „Viele Leute fahren zur Erholung in die Berge."
6. die Folge oder das Ausbleiben der erwarteten Folge = Konsekutivbestimmung (Frage: कैसे ? „wie?"):
   सब कर्मचारियों की **ख़ुशी के लिए** परीक्षण सफल था। „Allen Mitarbeitern zur Freude gelang der Versuch."

7. Partizipiale Wendungen

Häufig treten die einfachen und die zusammengesetzten Partizipien in der Funktion von Adverbialbestimmungen auf.

§ 486 Die imperfektiven Partizipien bezeichnen in der Funktion von Adverbialbestimmungen Handlungen oder Zustände, die sich gleichzeitig mit der im Prädikat dargestellten Handlung oder Zustand vollziehen bzw. bestehen. Sie können mit dem Satzsubjekt kongruieren, wenn dieses auch das Agens der im Partizip dargestellten Handlung (des Zustands) ist. Oft jedoch stehen sie mit der neutralisierten Endung -ए.

Beispiele:

बहिन एक गीत **गुनगुनाते हुए** (**गुनगुनाती हुई**) कमरे में आयी। „Die Schwester kam, ein Lied summend, ins Zimmer."

दिन **रहते** यह काम हो जाएगा। „Diese Arbeit wird noch tagsüber vollendet werden."

§ 487 Mit der emphatischen Partikel **भी** bilden die zusammengesetzten imperfektiven Partizipien Konzessivbestimmungen, die ein Geschehen oder Sein bezeichnen, trotz dessen gleichzeitigen Ablaufens oder Vorhandenseins das im Prädikat dargestellte Geschehen (Sein) abläuft (besteht). Die imperfektiven Partizipien nehmen in diesen Wendungen die neutrale Endung -ए an. Das Agens steht in der Regel entweder im Casus rectus oder im Casus obliquus mit der maskulinen obliquen Form der Postposition **का**=**के** bzw. die Partizipialphrase steht vor dem Satzglied, das das Agens der Partizipialphrase enthält.

Beispiele:

मगर कभी-कभी ऐसा भी होता ही कि आदमी **आँखें (के) होते हुए भी** कुछ नहीं देखता। „Aber manchmal kommt es auch vor, daß der Mensch trotz seiner Augen nichts sieht."

इस लिए **इन लोगों के प्रति विशेष आदर का भाव न रखते हुए भी** मुझे इस व्यक्ति में थोड़ी दिलचस्पी होनी स्वाभाविक थी। „Deshalb war es natürlich, daß ich mich etwas für diese Persönlichkeit interessierte, obwohl ich gegen solche Leute kein besonderes Gefühl der Achtung hegte."

§ 488 Einfache imperfektive Partizipien bezeichnen, wenn sie mit der Partikel **ही** stehen, einen Vorgang, auf den sofort ein anderer folgt. Sie nehmen hier stets die neutralisierte Endung -ए an. Diese Wendungen werden als adverbiale Partizipien (तात्कालिक कृदन्त) bezeichnet.

Beispiele:

पढ़ते ही उनको समझ में आ गया। „Kaum hatten sie es gelesen, verstanden sie es (auch schon)."

दोस्त को **देखते ही** चाचा ने कहा। „Kaum hatte der Onkel seinen Freund gesehen, als er sagte."

§ 489 Die perfektiven Partizipien fungieren vorwiegend als Temporalbestimmungen und bezeichnen mit ihren Erweiterungen vor Wendungen, die das Verstreichen eines Zeitraumes angeben, ein Ereignis, das am Anfang dieses Zeitraumes steht. Ihr Agens wird mit der Postposition **को** angeschlossen, sie selbst stehen mit der neutralisierten, kongruenzlosen Endung -ए.

Beispiele:

उसे लेटे हुए अभी कुछ ही मिनट हुए होंगे कि दूर से बस आती दिखाई दी। „Seitdem er sich hingelegt hatte, werden nur wenige Minuten vergangen sein, als der Bus in der Ferne auftauchte."

और **औरंगज़ेब को मरे हुए** अभी दो शताब्दियाँ भी नहीं गुज़रीं। „Es sind noch keine zwei Jahrhunderte vergangen, seitdem Aurangzeb gestorben ist."

§ 490 Zusammen mit der Präposition **बिना** „ohne" bilden die perfektiven Partizipien eine Modalbestimmung des fehlenden Umstandes, die der deutschen Infinitivkonstruktion mit der Präposition „ohne" entspricht. Die perfektiven Partizipien stehen auch hier stets mit der neutralisierten Endung -ए, während die Präposition बिना vor die gesamte Partizipialwendung gesetzt wird.

Beispiele:

मिर्ज़ाजी ने **बिना रुके हुए** जवाब दिया। „Mirza-dschi antwortete, ohne stehenzubleiben."

बिना किस से कुछ कहे हुए वह गाय की तलाश में निकल पड़ा। „Ohne jemandem etwas zu sagen, begab er sich auf die Suche nach der Kuh."

§ 491 Wiederholungen von adverbial fungierenden Partizipien bezeichnen die wiederholte, andauernde Durchführung des im Partizip dargestellten Vorganges:

काम करते करते वह थक गया। „Er wurde müde von der vielen Arbeit (arbeitend, arbeitend ermüdete er)."

8. Die Wortfolge (पदक्रम)

Im einfachen Satz ist die Wortfolge folgende:

§ 492 Das Subjekt steht am Anfang des Satzes und das Prädikat stets am Ende:

बच्चा रो रहा है। „Das Kind weint."

§ 493 Prädikatsnomen stehen vor der Kopula:

मैं **मजदूर** हूँ। „Ich bin ein Arbeiter."

§ 494 Objekte stehen vor dem Prädikat, wobei das direkte Objekt auf das indirekte folgt:

मजदूर **काम** करता है। „Der Arbeiter verrichtet seine Arbeit."

उसने **बहनको चिट्ठी** भेजी। „Er schickte der Schwester einen Brief."

§ 495 Das Attribut steht vor dem übergeordneten Satzglied:

हमारे देश में सब लोग **अच्छी** तरह रहते हैं। „In unserem Land leben alle Menschen gut."

मिलों के मालिक हम सब लोग हैं। „Die Besitzer der Fabriken sind wir alle"

§ 496 Temporalbestimmungen befinden sich in der Regel vor oder nach dem Subjekt:

मैं **कल** इधर आऊँगा। oder **कल** मैं इधर आऊँगा। „Morgen werde ich hierher kommen."

§ 497 Lokalbestimmungen stehen nach dem Subjekt:

कई दिन हुए मेरे पिताजी **अपने एक पुराने मित्र के पास** गये थे। „Vor einigen Tagen war mein Vater zu einem seiner alten Freunde gegangen."

§ 498 Modalbestimmungen stehen meist vor dem Prädikat, nach dem direkten Objekt:

माताजी भोजन **अच्छी तरह** बनाती है। „Die Mutter kocht sehr gut."

§ 499 Die Veränderung der üblichen Wortfolge dient der Hervorhebung bestimmter Satzteile, die dann gestellt werden:

1. an den Satzanfang:

यह मैं नहीं जानता। „Das weiß ich nicht."

2. an das Satzende:

बहुत अच्छा है **उसका उपन्यास**। „Sehr gut ist sein Roman."

3. Fragewörter zwischen die Komponenten des Prädikats:

वह करता **क्या** है? „Was macht er denn?"

यह हो **कैसे** सकता है? „Wie kann das denn nur möglich sein?"

9. Einteilige Sätze

§ 500 Im Hindi gibt es alle Typen einteiliger Sätze, die, ohne alle notwendigen Satzglieder zu haben, aussagekräftig sind:

शाम का समय। „Es ist Abend." नहीं! „Nein!„

ठीक है! „Richtig!"

10. Der unpersönliche Satz

§ 501 Im unpersönlichen Satz bezieht sich das Prädikat weder auf eine Person, noch auf eine Sache. Es steht in der dritten Person sg. Diese Sätze entsprechen den unpersönlichen deutschen Sätzen, die mit „es" beginnen:

मालूम होता है „Es scheint ..."
मालूम है „Es ist bekannt ..."
हो सकता है „Möglich ..."

§ 502 Zu den unpersönlichen Sätzen können auch diejenigen gerechnet werden, in denen im Subjekt irgendeine Naturerscheinung dargestellt ist:

आज **गर्मी** है। „Heute ist es heiß (heute ist Hitze)."
पानी पड़ रहा है। „Es regnet (Wasser fällt)."

§ 503 Zu den unpersönlichen Sätzen gehören auch die neutralen oder unpersönlichen Passivkonstruktionen, in denen das Patiens der Handlung als direktes Objekt erhalten bleibt und nicht wie üblich zum Subjekt des Satzes wird:

उस को (उसे) मारा गया है। „Er ist geschlagen worden."

11. Der unbestimmte persönliche Satz

§ 504 Der unbestimmte persönliche Satz, der im Deutschen mit „man" eingeleitet wird, wird im Hindi durch die dritte Person pl. des Prädikats unter Weglassung des Subjekts wiedergegeben:

कहते हैं „Man sagt."
बताते हैं „Man sagt."
सुनाते हैं „Man erzählt sich."

12. Die Ellipse

§ 505 Die Ellipse ist ein Auslassungssatz, in dem nur der Hauptbegriff ausgedrückt wird, während alle anderen Satzglieder weggelassen sind. Gewöhnlich ist das weggelassene Satzglied durch den Kontext erklärt. Häufig kommt es in Antworten auf Fragen vor, daß das Subjekt weggelassen wird:

क्या आप पढ़ेंगे? **पढ़ूँगा**। „Werden Sie lesen? Ich werde lesen."

§ 506 Auch das Prädikat kann ausgelassen werden:

आम कैसे दिये हैं? **दो दो आने में। बड़े दूँ? कितने?** „Wieviel kosten die Mangos? Das Stück kostet zwei Anas. Soll ich große geben? Wieviele?“

B. Der zusammengesetzte Satz

Es gibt zwei Arten zusammengesetzter Sätze: die Satzverbindung (संयुक्त वाक्य) und das Satzgefüge (मिश्र वाक्य). Die Verbindung zwischen den einzelnen Sätzen, die im zusammengesetzten Satz enthalten sind, wird durch Konjunktionen und andere Bindewörter hergestellt, manchmal auch ohne jegliche Hilfswörter.

§ 507 Die Wortfolge in jedem der Einzelsätze des zusammengesetzten Satzes gleicht im wesentlichen der im einfachen Satz. Konjunktionen und andere Bindewörter stehen in der Regel am Anfang des Satzes, den sie mit einem anderen verbinden. Nur manchmal werden sie in den Satz eingeschoben. Dies geschieht vor allem bei den Konjunktionen यदि und अगर „wenn“.

§ 508 Nebensätze, die durch das Relativpronomen जो „der“, „welcher“ eingeleitet werden, können vor oder auch nach dem Hauptsatz stehen bzw. werden eingeschoben:

उस ने एक कबूतरी देखी, **जो एक वृक्ष की डाल पर बैठती थी।** „Sie erblickte eine Taube, die auf dem Zweig eines Baumes saß.“

जिस का मुझे भय था वह हुआ। „Was ich befürchtete, geschah.“

पहला काम **जो उसने किया** वह था अछूतों के लिए भूमि दिलाना। „Das erste, was er tat, war, Land für die Unberührbaren zu besorgen.“

§ 509 Wenn das Relativpronomen जो im Nebensatz als Attribut fungiert, folgt der Hauptsatz stets auf den Nebensatz:

बहिन! **जो रोटी तुम ने पकायी** मुझे दो! „Schwester! Gib mir das Brot, das du gebacken hast!“

§ 510 Andere adjektivische Relativpronomen wie जैसा „welcher“ und जितना „wieviel“ treten ebenfalls in Satzgefügen als Bindewörter auf. Ihnen entsprechen im Hauptsatz ऐसा oder वैसा „solch ein“ und उतना „so viel“ oder वह „jener“.

Beispiele:

उस की आर्थिक दशा वैसी नहीं **जैसी मैं ने समझी थी**। „Seine finanzielle Lage ist nicht so, wie ich dachte."

जितने सिपाही तेरे साथ आ सकें, उनको लेकर वहाँ पहुँच जा। „Geh dorthin und nimm so viele Soldaten mit, wie du kannst."

1. Die Satzverbindung (संयुक्त वाक्य)

Die Satzverbindung besteht aus einander nebengeordneten Hauptsätzen.

§ 511 In der Satzverbindung wird die Verbindung der Hauptsätze durch koordinierende Konjunktionen (s. §§ 404—406) hergestellt. Auch das Adverb **केवल** „nur" tritt manchmal als Bindewort auf.

Beispiele:

वह चला गया **और** फिर नहीं आया। „Er ging weg und kam nicht wieder."

खाना तैयार था **लेकिन** हम खाने नहीं लगे। „Das Essen war fertig, aber wir fingen nicht an zu essen."

या तो मोहन जाएगा **या** चुप रहेगा। „Entweder geht Mohan, oder er verhält sich still."

उस को विद्या और बुद्धि है नहीं **केवल** इसी स्वाँग का भरोसा है। „Weder Wissen noch Verstand besitzt er, nur angeben möchte er."

§ 512 Die Nebenordnung der Sätze bedeutet jedoch nicht immer, daß sie ihrem Sinn nach nicht voneinander abhängig sind. Meist herrscht zwischen ihnen eine Abhängigkeit verschiedenster Art (kausal, temporal, konzessiv usw.), da die Aussage des zweiten Satzes erst durch die des ersten ermöglicht wird. Im folgenden Beispiel könnte man von einer kausalen oder auch konsekutiven Abhängigkeit sprechen:

किसी ने बाहर से दरवाज़ा खटखटाया और मैं घबरा उठा। „Jemand klopfte draußen, und ich fuhr zusammen."

§ 513 In die Satzverbindung können nicht nur einfache Sätze, sondern auch zusammengesetzte (Satzgefüge) als Komponenten eingehen:

उसे निश्चय हो गया कि इस प्रार्थना का अवश्य ही उसके साथ संबंध है और ग़लत न थी। „Sie entschied, daß diese Bitte zweifellos mit ihr zusammenhing, und sie irrte sich nicht."

2. Das Satzgefüge (जटिल वाक्य oder मिश्र वाक्य)

Im Satzgefüge ordnen sich ein oder mehrere Sätze, Nebensätze (आश्रित उपवाक्य) genannt, einem anderen Satz, dem Hauptsatz (मुख्य उपवाक्य) unter. Die Nebensätze haben in der Regel den Wert eines Satzgliedes.

a) Subjektsätze (उद्देश्य उपवाक्य)

§ 514 Subjektsätze geben das Subjekt eines Satzes wieder und werden durch das Relativpronomen जो „der", „welcher" oder die Konjunktion कि „daß" eingeleitet. Dem Relativpronomen जो entspricht im Hauptsatz häufig das Demonstrativpronomen वह „jener", die Konjunktion कि verlangt im Hauptsatz das Demonstrativpronomen यह „dieser". Beispiele:

रंज में जो साथ रोये वही हमारा सच्चा मित्र है। „Wer in traurigen Stunden mit uns weint, ist unser wahrer Freund."

जिस ने उसे उसके घर पर देखा हो, वह उसे यहाँ देखकर चकित रह जाएगा। „Wer sie in ihrem Haus gesehen hat, würde erstaunt sein, wenn er sie hier sähe."

यह उसके लिये ज़रूरी है **कि वह साहित्य का इतिहास जाने**। „Es ist notwendig für ihn, die Literaturgeschichte zu kennen."

b) Prädikativsätze (विधेय उपवाक्य)

§ 515 Prädikativsätze ersetzen das Prädikativum. Sie werden meist durch das Relativpronomen जो „der", „welcher" oder die Konjunktion कि „daß" eingeleitet, die im Hauptsatz वह „jener" bzw. यह „dieser" verlangen:

लड़का वह बन गया **जो वह बनना चाहा**। „Der Knabe wurde das, was er wollte."

बात यह है **कि हम आपको नहीं छोड़ना चाहते**। „Die Sache ist die, daß wir Euch nicht verlassen wollen."

c) Attributsätze (विशेषणबोधक उपवाक्य, संबंधवाचक उपवाक्य oder विशेषण उपवाक्य)

§ 516 Attributsätze charakterisieren die Merkmale eines Satzteiles des Hauptsatzes. Im Hindi werden sie mit dem Relativpronomen जो „der", „welcher" versehen, dem im Hauptsatz das Demonstrativpronomen वह „jener" entspricht.

Beispiel:

जो आदमी कुछ मिनट पहले मुझ से मिलने आया था उस को जल्दी बुलाओ। „Rufe schnell den Mann, der vor einigen Minuten kam, um mich zu besuchen."

Nur selten wird das Demonstrativpronomen वह „jener" im Hauptsatz weggelassen:

मेरा जीवन चाँदनी रात के समान था **जिस में नाच और रंगरलियाँ थीं।** „Mein Leben glich einer Mondnacht, die mit Tanz und Vergnügen ausgefüllt war."

§ 517 Seltener wird der Attributsatz durch die Konjunktion कि „daß" eingeleitet, der im Hauptsatz das Demonstrativpronomen यह „dieser" entspricht:

मंत्रिमंडल ने यह निश्चय किया **कि कारख़ाने का निर्माण तुरन्त ही शुरू हो।** „Der Ministerrat faßte den Beschluß, sofort mit dem Bau des Werkes zu beginnen."

d) Objektsätze (कर्मबोधक उपवाक्य)

§ 518 Objektsätze stehen anstelle eines Objekts. Sie werden im Hindi durch die Konjunktion **कि** „daß" oder das Relativpronomen **जो** „der", „welcher" eingeleitet, denen im Hauptsatz यह bzw. वह entsprechen.

Beispiel:

पिताजी ने मुझ से पूछा **कि तुम क्या कर रहे हो।** „Der Vater fragte mich, was ich tue."

§ 519 Wenn der Objektsatz vor den Hauptsatz gesetzt wird, entfällt die Notwendigkeit eines Bindewortes, aber im Hauptsatz muß unbedingt das Demonstrativpronomen यह „dieser" stehen:

वह कब यहाँ से चला जाएगा यह कोई नहीं जानता था। „Niemand wußte, wann er von hier weggehen wird."

§ 520 Die Objektsätze, die mit **जो** eingeleitet werden, stehen in der Regel vor dem Hauptsatz:

जो बहुत जानना चाहता है उसे ज़्यादा पढ़ना चाहिये। „Wer viel wissen will, muß viel lernen."

e) Adverbialsätze (क्रियाविशेषण उपवाक्य)

Adverbialsätze vertreten Adverbialbestimmungen. Deshalb werden sie eingeteilt in Lokalsätze, Temporalsätze, Modalsätze, Kausalsätze, Konzessivsätze, Konditionalsätze, Finalsätze und Konsekutivsätze.

§ 521 Lokalsätze (स्थानबोधक उपवाक्य) geben örtliche Beziehungen an. Sie werden oft durch die Adverbien **जहाँ** oder **जिधर** „wo", „wohin", **जहाँ कहीं** „wo auch immer" eingeleitet, denen im Hauptsatz die Adverbien वहाँ, उधर „dort", „dorthin" oder उस जगह, उस स्थान पर (में) „dort" entsprechen. Lokalsätze stehen in der Regel vor dem Hauptsatz.

Beispiele:

जहाँ कोई मेरा मुँह न देखे मैं वहाँ जाऊँगा। „Ich werde dorthin gehen, wo mich niemand kennt."

जिधर हम जा रहे हैं उधर लोग बिलकुल नहीं मिलते हैं। „Wohin wir gehen, trifft man überhaupt keine Menschen."

§ 522 Temporalsätze (कालबोधक उपवाक्य) weisen auf Zeitverhältnisse hin. Sie werden durch folgende Adverbien und Adverbien mit Postpositionen eingeleitet: **जब** „wenn", „als", **जब तक (तलक)** „so lange bis (wie)", **जब से** „seit", „seitdem", **पेश्तर उस के कि, क़बल उस के कि, उस से पूर्व कि, इस से (के) पहले कि** „bevor", „ehe", „bis", **ज्यों-ज्यों** „je mehr", **जैसे ही, ज्यों ही** „sofort als" und die Konjunktion **कि**. Im Hauptsatz entspricht जब „wenn, als" तब, तो, तभी, उस समय, उस वक़्त; जैसे ही entspricht वैसे ही; ज्यों ही entspricht त्यों ही und ज्यों-ज्यों entspricht त्यों-त्यों. Meist stehen die Temporalsätze vor dem Hauptsatz.

Beispiele:

जब तक यह काम ख़तम न हो दूसरा काम शुरू मत करो। „Fange keine andere Arbeit an, solange (wie) diese nicht beendet ist."

पेश्तर उसके कि वह सब कुछ न कह दे मैं उस को मदद न दूँगा। „Ehe er nicht alles gesagt hat, werde ich ihm nicht helfen."

ज्यों-ज्यों काम होता जाता था रेवती का क्रोध बढ़ता जाता था। „Je mehr die Angelegenheit voranging, desto mehr ärgerte sich Rewti."

§ 523 **जब** wird mit „als" übersetzt, wenn das Verb des Nebensatzprädikats in einer Vergangenheitsform steht, und mit „wenn", wenn das Verb in einer Gegenwarts- oder Zukunftsform steht:

जब मैं कमरे में आया वह सो रहा था। „Er schlief, als ich ins Zimmer kam."

जब वह तेरे पास आएगा तो उसको मेरी किताबें दे देना। „Gib ihm meine Bücher, wenn er zu dir kommen wird."

§ 524 Modalsätze (प्रमाणबोधक उपवाक्य oder रीतिवाचक उपवाक्य) weisen meist auf einen Vergleich hin. Sie werden durch die Adverbien

जैसे, गोया, मानों „als ob", „gleichsam" eingeleitet. **गोया** und **मानों** werden bei irrealen Vergleichen verwendet. Im Hauptsatz entsprechen ihnen इस तरह, इस प्रकार, **वैसा**, **एसा** „so". Häufig folgen sie auf Hauptsätze, in denen das Prädikat durch die denominativen Verben प्रतीत होना, मालूम होना oder das intensive Verb जान पड़ना gebildet werden. Alle diese Verben haben die Bedeutung „scheinen", „vorkommen", „den Anschein haben". Das Prädikat des Modalsatzes steht oft im Konjunktiv.

Beispiele:

कभी कभी जोश में आ जाते थे **जैसे हम मनुष्य नहीं लहू के प्यासे भेड़िये थे।** „Manchmal wurden wir so wütend, als ob wir keine Menschen, sondern blutrünstige Wölfe wären."

रामप्यारी को ऐसा प्रतीत हुआ **मानों उसे किसी ने सहस्रों मील की ऊँचाई से धक्का दे दिया हो।** „Rampjari war zumute, als ob irgendjemand sie aus schwindelnder Höhe in die Tiefe gestoßen hätte."

वह इस तरह भागता चला जा रहा था **जैसे किसी बीमार के लिए डाक्टर को बुलाने जा रहा हो।** „Er lief, als ob er einen Arzt zu einem Kranken holte."

§ 525 Kausalsätze (कारणबोधक उपवाक्य) bezeichnen den Grund oder die Ursache. Sie werden durch die Konjunktionen **क्योंकि, चूँकि** oder **कि** „da",. „weil" eingeleitet. Im Hauptsatz entsprechen चूँकि und कि die Konjunktionen इस लिये oder इस वास्ते. Bei कि kann ebenfalls इस कारण im Hauptsatz stehen. Meist folgen die Kausalsätze auf den Hauptsatz, nur durch चूँकि eingeleitete Kausalsätze werden vorangestellt.

Beispiele:

वह हमारे घर आया करता है **क्योंकि उस को हमारी माँ का बनाया हुआ खाना पसंद है।** „Er kommt oft zu uns, da er die von unserer Mutter zubereiteten Speisen gern ißt."

मैं ने इस लिये तुम्हें बुलाया है **कि हमें बातचीत करनी है।** „Ich habe dich rufen lassen, da wir etwas besprechen müssen."

चूँकि वह इधर नहीं आ सकता था इस लिए (इस वास्ते) इन लोगों को उस जगह पर मिलना पड़ा। „Da er nicht hierher kommen konnte, mußten sie sich an jenem Ort treffen."

§ 526 Konzessivsätze weisen auf eine Einräumung hin, auf etwas Entgegengesetztes von dem, was eigentlich als Folge aus dem Hauptsatz hervorgehen müßte. Sie werden durch die Konjunktionen **चाहे, ख़्वाह, अगरचि, यद्यपि, हालाँकि** „obwohl", „obgleich", „ungeachtet dessen", „selbst wenn", „wenn auch" u. a. eingeleitet, die auch in den Nebensatz eingeschoben werden können. Im Hauptsatz entsprechen ihnen पर, परन्तु, फिर भी, तो भी oder तथापि „trotzdem", „dennoch".

Beispiele:

> **अगरचि वह मुझ से छोटा है** तो भी उस के बदन में कहीं ज़्यादा ताक़त है। „Obwohl er kleiner ist als ich, hat er doch viel mehr Kraft."
>
> **चाहे कुछ भी क्यों न हो** उन को ताली बजाने का अवसर न दूँगा। „Sei es, wie es will, ich werde ihnen keine Gelegenheit geben zu triumphieren."

Mit der Konjunktion चाहे tritt oft भले ही oder क्यों न im selben Satz auf:

> यह मुझ से न होगा **चाहे मर भले ही जाऊँ।** „Ich werde das nicht tun, selbst wenn ich sterben sollte."

§ 527 Konditionalsätze (संकेतबोधक उपवाक्य) nennen eine Bedingung, unter der etwas durchgeführt wird. Sie werden durch die Konjunktionen **अगर, यदि, जो, जब** „wenn" eingeleitet, die aber auch in den Nebensatz eingeschoben oder auch ganz weggelassen werden können. Am Anfang des Hauptsatzes steht तो oder तब.

§ 528 Man unterscheidet drei Arten von Konditionalsätzen:

1. Der reale Bedingungssatz:

Im realen Bedingungssatz werden Bedingung und Folge als real oder wahrscheinlich erfüllbar dargestellt. Im Haupt- sowie im Nebensatz steht das Verb des Prädikats im Indikativ:

> **अगर (यदि, जो) सब लोग जाएँगे** तो मैं भी जाऊँगा। „Wenn alle Leute gehen werden, werde ich auch gehen."

2. Der Annahmesatz:

Wenn Bedingung und Folge als wünschenswert, angenommen oder möglich dargestellt werden sollen, werden die Verben der Prädikate im Haupt- und im Nebensatz in den Konjunktiv gesetzt:

गुस्ताख़ी माफ़ हो तो कहूँ। „Wenn meine Frechheit verziehen werden würde, würde ich sprechen."

तुम ने अगर लिया हो तो दे दो। „Wenn du es genommen haben solltest, dann gib es zurück."

3. Der irreale Bedingungssatz:
Wenn eine Bedingung irreal, nicht zu verwirklichen ist, so daß auch die Folge nicht eintreten kann, dann wird im Haupt- wie im Nebensatz der Konditional verwendet:

यदि आज बारिश न होती तो हम हवा खाने जाते। „Wenn es heute nicht regnen würde, gingen wir spazieren."

§ 529 Finalsätze (उद्देश्यबोधक उपवाक्य) nennen einen Zweck, eine Absicht oder ein Ziel. Sie werden durch die Konjunktionen **कि** „daß", **ताकि** „damit", „um zu" eingeleitet, manchmal auch durch das Relativpronomen **जो** „der", „welcher", das mit den Postpositionen **से** oder **में** steht. Das Verb des Prädikats im Finalsatz wird stets in den Konjunktiv I gesetzt.

Beispiele:

बुन्दू तेज़ तेज़ चलने लगा **ताकि बदन में कुछ गर्मी आ जाए।** „Bundu fing an, schneller zu gehen, um sich etwas zu erwärmen."

उस को कमरे में बन्द करना चाहिये **जिस से कि वह भाग न जाए।** „Man muß ihn im Zimmer einschließen, damit er nicht wegläuft."

सोच-सोचकर निश्चय किया कि रात को जाऊँगी **जिस में कोई देखने न पाए।** „Nach vielen Überlegungen beschloß sie, nachts zu gehen, damit es niemand sähe."

§ 530 Konsekutivsätze (परिणामबोधक उपवाक्य) drücken eine Folge oder ein Resultat aus, die aus dem Inhalt des Hauptsatzes hervorgehen. Sie werden eingeleitet durch die Konjunktionen **कि** oder जो „daß", „so daß", denen im Hauptsatz folgende Wörter entsprechen können: इस तरह „so", इतना „so viel", ऐसा „solch", „so", इस क़दर „in solchem Maße", इस हद तक, यहाँ तक, „derart", „so weit", „bis dahin", जिस से oder जिस में „dadurch", „wodurch".

Beispiele:

यह बीमारी इस हद तक फैल चुकी **कि देश के सब से दूर गाँवों के लोग भी इस से नहीं बच सके।** „Diese Krankheit breitete sich derart aus, daß sich selbst die Bewohner der entferntesten Dörfer des Landes nicht vor ihr retten konnten.“

परन्तु मैं ऐसा मूर्ख नहीं था **कि रुक जाता।** „Aber ich war nicht so dumm anzuhalten.“

3. Die indirekte Rede (परोक्ष कथन)

§ 531 Eine eigentliche indirekte Rede, so wie wir sie im Deutschen kennen, gibt es im Hindi nicht. Aus diesem Grunde werden direkte Reden einer Person, die durch jemand anders wiedererzählt werden, genau so wiedergegeben, wie jene Person sie gesagt hat. Sie werden nur durch die Konjunktion **कि** „daß“ eingeleitet, die als einzige darauf hinweist, daß es sich um eine indirekte und nicht um eine direkte Rede handelt. Besonders ist dabei auf die Pronomen zu achten, die ja im Deutschen bei der Umwandlung einer direkten Rede in eine indirekte ausgewechselt werden. Im Hindi bleibt das Pronomen der direkten Rede bestehen. Auch wird das Prädikat in der indirekten Rede im Hindi nicht in den Konjunktiv gesetzt, wenn nicht gerade die Aussage der direkten Rede im Konjunktiv erfolgt.

Beispiele:

बाप ने मुझ से कहा था **कि तुम सब्ज़ियाँ ख़रीदने बाज़ार जाओ।** „Der Vater hatte mir gesagt, daß ich zum Markt gehen soll, um Gemüse zu kaufen“. („Der Vater hatte mir gesagt: gehe du zum Markt, um Gemüse zu kaufen.“)

वह हैरान था **कि मैं क्या करूँ।** „Er wußte nicht, was er tun sollte.“

तुम कहते हो **कि मैं यह नहीं कर सकता हूँ।** „Du sagst, daß du das nicht tun kannst.“

§ 532 Befehle, die an andere Personen weitergegeben werden sollen, stehen im Konjunktiv:

उस को बोलो **कि वह इधर आए।** „Sag ihm, daß er hierherkommen soll.“

माँ को बोलो **कि वह खाना तैयार करे।** „Sage der Mutter, daß sie das Essen zubereiten soll.“

§ 533 Ansätze zur Bildung einer indirekten Rede, wie wir sie im Deutschen kennen, wurden erst in letzter Zeit festgestellt. Wahrscheinlich entstanden sie unter dem Einfluß des Englischen. Sie kommen auch noch nicht bei der Wiedergabe von tatsächlich Gesprochenem vor, sondern nur bei der Wiedergabe von Gedanken, Einfällen usw. Beispiel:

फिर विचार आता कि वह कहाँ जाए। „Dann kam ihr immer wieder der Gedanke, wohin sie denn gehen sollte?“

LITERATURVERZEICHNIS

1. Grammatiken und Lehrbücher

अवधनन्दन, हिन्दी रचना, पहला भाग, मद्रास १९६२।

कामताप्रसाद गुरु, हिन्दी व्याकरण, काशी १९६३।

तिवारी, डा. भोलानाथ, हिन्दी भाषा का सरल व्याकरण, दिल्ली १९५८।

दुनीचन्द, हिन्दी व्याकरण, होश्यारपुर १९५०।

Баранников, А. П., Краткий грамматический очерк хинди. Хинди-русский словарь, стр. 1239—1317. Москва 1959.

Баранников, А. П. и Баранников, П. А., Хиндустани (хинди и урду). Москва 1956.

Дымшиц, З. М., Язык урду. Москва 1962.

Катенина, Т. Е., Язык хинди. Москва 1960.

Катенина, Т. Е., Краткий очерк языка хинди. Русско-хинди словарь, стр. 1279—1375. Москва 1957.

Bonnerjea, Dr. Biren, Praktische Grammatik der Hindisprache. Wien und Leipzig, o.J.

Forbes, Duncan, A Grammar of the Hindūstānī Language. London 1855.

Haidari, Mohamed Akbar Khan, The Munshi. Delhi 1942.

Harley, A. H., Colloquial Hindustani. London 1944.

Kellogg, Rev. S. H., A Grammar of the Hindi Language. London 1955 (Third Edition reprinted).

Palmer, E. H., Simplified Grammar of Hindustani, Persian and Arabic. London 1882.

Platts, John T., A Grammar of the Hindūstānī or Urdū Language. London 1898.

Saihgal, M. C., Saihgal's Modern Hindi Grammar. Simla Hills 1958.

Sastri, S. R. and Apte, Bh., Hindi Grammar. Madras 1960.

Scholberg, Henry C., Concise Grammar of the Hindi Language. Bombay 1955.

Seidel, A., Theoretisch-praktische Grammatik der Hindustani-Sprache. Wien, Pest, Leipzig o.J.

Sharma, Aryendra, und Hans J. Vermeer, Einführung in die Grammatik der modernen Hindī, Studienausgabe. Heidelberg 1963.

Sharma, N. S., Hindi Grammar and Translation. Bombay 1960.

Spies, Otto, und Ernst Bannerth, Lehrbuch der Hindūstānī-Sprache. Leipzig und Wien 1945.

2. Artikel und Aufsätze

Бархударов, А. С., Словообразование в современном литературном хинди. Краткие сообщения Института востоковедения. Выпуск 18. Москва 1954.

Бархударов, А. С., Словообразование в хинди. Москва 1963.

Давидова, А. А., Некоторые вопросы глагольного словообразования в языке хиндустани. Учёные записки Института востоковедения, т. 13. Москва 1958, стр. 213—232.

Жмотова, О. Д., Глагольные черты инфинитива в хинди и урду. Языки Индии. Москва 1961, стр. 316—342.

Липеровский, В. П., Употребление форм сослагательного наклонения литературного хинди и урду в придаточных предложениях различного типа. Языки Индии. Москва 1961, стр. 271—315.

Липеровский, В. П., Употребление форм сослагательного наклонения литературного хинди и урду в самостоятельном предложении. Языки Индии. Москва 1961, стр. 227—270.

Лозовой, Л. Г., Условные предложения в современном литературном хинди. Учёные записки Института востоковедения, т. 13. Москва 1958, стр. 179—212.

Рудин, С. Г., Некоторые вопросы фонетики языка хиндустани. Учёные записки Института востоковедения, т. 13. Москва 1958, стр. 233—265.

Рудин, С. Г., Очерк фонетики языка хинди. Русско-хинди словарь. Москва 1957, стр. 1257—1276.

Чернышев, В. А., Фразеологические сочетания имя и глагол (karnā, honā, denā) и сложноотымённые глаголы в современном литературном хинди. Языки Индии. Москва 1961, стр. 166—226.

Hacker, Paul, Einiges zur Hindigrammatik. Indo-Iranian Journal, Vol. VI (1963), Nr. 3/4, S. 203—230.

Hacker, Paul, Zur Funktion einiger Hilfsverben im modernen Hindi. Akademie der Wissenschaften und der Literatur, Abhandlungen der Geistes- und Sozialwissenschaftlichen Klasse, Jahrgang 1958, Nr. 4, Wiesbaden.

Hälsig, Margot, Zur Transkription und Transliteration des Hindi. Berlin 1963.

Lienhard, Siegfried, Tempusgebrauch und Aktionsartenbildung in der modernen Hindī. Stockholm, Göteborg, Upsala 1961.

Pořízka, Vincenc, Hindi Participles used as Substantives. Archiv Orientální, Vol. XVIII, Part 4, 1950, pp. 166—187.

Pořízka, Vincenc, The Adjectival and Adverbial Participles in Hindī Syntax. Archiv Orientální, Vol. XX, Part 3/4, 1952, pp. 524—538.

3. Wörterbücher

बाहरी, हरदेव, बृहत् अंग्रेजी–हिन्दी कोश, वाराणसी १९६०।

Русско-хинди словарь, под ред. В. М. Бескровного. Москва 1957.

Хинди-русский словарь, сост. В. М. Бескровный, изд. второе, Москва 1959.

Bhargava's Standard Illustrated Dictionary of the English Language, Anglo-Hindi Edition. Ed. by Prof. R. C. Pathak. 11th Edition, Varanasi 1963.

Bhargava's Standard Illustrated Dictionary of the Hindi Language, Hindi-English Edition. Ed. by Prof. R. C. Pathak. Varanasi 1961.

TABELLEN

Tabelle I: Die Konsonanten

nach Bildungsart \ nach Bildungsort			Labiale	Dentale und Alveolare	Kakuminale oder Zerebrale	Palatale	Velare	Uvulare	Pharyngale
Geräuschlaute	Verschlußlaute	stimmlos	प फ	त थ	ट ठ		क ख	क़	
		stimmhaft	ब भ	द ध	ड ढ		ग घ		
	Schwinglaute	stimmhaft			ड़ ढ़				
	Affrikaten	stimmlos				च छ			
		stimmhaft				ज झ			
	Engelaute	stimmlos	फ़	स		श		ख़	
		stimmhaft	व	ज़					
Sonanten	Nasale		म	न	ण	ञ	ङ		
	Engelaute		व	ल		य		ग़	ह
	Schwinglaute			र					

Anmerkung: In den Spalten, die zwei Konsonanten enthalten, sind links die unaspirierten und rechts die aspirierten Konsonanten aufgeführt.

Tabelle II: Die Deklination der Substantive

Kasus	maskuline Substantive					feminine Substantive		
	a) veränderliche auf –ग्रा	b) alle anderen			c) unveränderliche auf –ग्रा	d) auf –ई	e) alle anderen	
		auf Konsonant	auf –ई	auf –ऊ			auf Konsonant	auf –ग्रा
Singular								
C. r.	बेटा „Sohn“	घर „Haus“	ग्रादमी „Mensch“	भालू „Bär“	पिता „Vater“	बेटी „Tochter“	बहिन „Schwester“	दवा „Arznei“
C. o.	बेटे का	घर का	ग्रादमी का	भालू का	पिता का	बेटी का	बहिन का	दवा का
V.	ग्रए बेटा! (बेटे!)	ग्रए घर!	ग्रए ग्रादमी!	ग्रए भालू!	ग्रए पिता!	ग्रए बेटी!	ग्रए बहिन!	ग्रए दवा!
Plural								
C. r.	बेटे „Söhne“	घर „Häuser“	ग्रादमी „Menschen“	भालू „Bären“	पिता „Väter“	बेटियाँ „Töchter“	बहिनें „Schwestern“	दवाएँ „Arzneien“
C. o.	बेटों का	घरों का	ग्रादमियों का	भालुग्रों का	पिताग्रों का	बेटियों का	बहिनों का	दवाग्रों का
V.	ग्रए बेटो!	ग्रए घरो!	ग्रए ग्रादमियो!	ग्रए भालुग्रो!	ग्रए पिताग्रो!	ग्रए बेटियो!	ग्रए बहिनो!	ग्रए दवाग्रो!

Anmerkung: Da der Casus obliquus in der Regel mit einer Postposition steht, wurde als Beispiel die Postposition का gesetzt.

Tabelle III : Die infiniten Verbformen

Intransitives Verb: **बोलना** „sprechen“, „sagen“
Transitives Verb: **देखना** „sehen“

Verbform	Aktiv		Passiv
	intransitiv	transitiv	
Infinitiv	**बोलना** „sprechen“	**देखना** „sehen“	**देखा जाना** „gesehen werden“
Stamm	बोल	देख	देखा जा
Nomen agentis	बोलनेवाला „Sprecher“, „Redner“	देखनेवाला „Zuschauer“	—
Intentionspartizip	बोलनेवाला „bereit zu reden“	देखनेवाला „bereit zu sehen“	देखा जानेवाला „bereit gesehen zu werden“
einfaches imperfektives Partizip	बोलता „sprechend“	देखता „sehend“	देखा जाता „gesehen werdend“
einfaches perfektives Partizip	बोला „gesprochen habend“	देखा „gesehen“	देखा गया „gesehen worden“
zusammengesetztes imperfektives Partizip	बोलता हुआ „sprechend“	देखता हुआ „sehend“	—
zusammengesetztes perfektives Partizip	बोला हुआ „gesprochen habend“	देखा हुआ „gesehen“	—
duratives Partizip	बोल रहा „sprechend (augenblicklich)“	देख रहा „sehend (augenblicklich)“	देखा जा रहा „gesehen werdend (augenblicklich)“
kompletives Partizip	बोल चुका „gesprochen habend“	देख चुका „gesehen habend“	देखा जा चुका „gesehen worden“
Absolutiv	बोल बोलकर „gesagt बोलके habend“ बोलकरके	देख देखकर „gesehen देखके habend“ देखकरके	देखा जाकर „gesehen worden“

Tabelle IV: Die finiten Verbformen des Aktivs

a) Die besonderen Formen der transitiven Verben (Beispiel: देखना „sehen“)

	Indikativ				Konjunktiv	Konditional
Person	Perfekt	Präteritum	Plusquamperfekt	Futur III	III	III
	„ich habe gesehen“	„ich sah“	„ich hatte gesehen“	„ich werde gesehen haben“	„ich würde gesehen haben“	„wenn ich gesehen haben würde“
1. sg. m. + f. मैं ने						
2. sg. m. + f. तू ने						
3. sg. m. + f. उस ने, इस ने						
1. pl. m. + f. हम ने	देखा है	देखा	देखा था	देखा होगा	देखा हो	देखा होता
2. pl. m. + f. तुम ने						
3. pl. m. + f. उन्हों ने, इन्हों ने, आप ने						

Tabelle IV: Die finiten Verbformen des Aktivs (erste Fortsetzung)

b) Intransitive Verben (1)

Diese Tabelle, die besonderen Formen (Tabelle IV a) ausgenommen, gilt auch für die transitiven Verben.

Indikativ					
Person		generelles Präsens	duratives Präsens	Perfekt	generelles Imperfekt
Verb **बोलना** „sprechen“		„ich spreche“	„ich spreche (augenblicklich)“	„ich habe gesprochen“	„ich sprach“
1. sg. मैं	m.	बोलता हूँ	बोल रहा हूँ	बोला हूँ	बोलता था
	f.	बोलती हूँ	बोल रही हूँ	बोली हूँ	बोलती थी
2. sg. तू	m.	बोलता है	बोल रहा है	बोला है	बोलता था
	f.	बोलती है	बोल रही है	बोली है	बोलती थी
3. sg. वह, यह	m.	बोलता है	बोल रहा है	बोला है	बोलता था
	f.	बोलती है	बोल रही है	बोली है	बोलती थी
1. pl. हम	m.	बोलते हैं	बोल रहे हैं	बोले हैं	बोलते थे
	f.	बोलती हैं	बोल रही हैं	बोली हैं	बोलती थीं
2. pl. तुम	m.	बोलते हो	बोल रहे हो	बोले हो	बोलते थे
	f.	बोलती हो	बोल रही हो	बोली हो	बोलती थीं
3. pl. वह, यह वे, ये, आप	m.	बोलते हैं	बोल रहे हैं	बोले हैं	बोलते थे
	f.	बोलती हैं	बोल रही हैं	बोली हैं	बोलती थीं

Tabelle IV: Die finiten Verbformen des Aktivs
(zweite Fortsetzung)
b) Intransitive Verben (2)

Indikativ					
duratives Imperfekt	Präteritum	Plusquam-perfekt	Futur I	Futur II	Futur III
„ich sprach (gerade)"	„ich sprach"	„ich hatte gespro-chen"	„ich werde sprechen"	„ich werde wohl spre-chen"	„ich werde gesprochen haben"
बोल रहा था	बोला	बोला था	बोलूँगा	बोलता हूँगा	बोला हूँगा
बोल रही थी	बोली	बोली थी	बोलूँगी	बोलती हूँगी	बोली हूँगी
बोल रहा था	बोला	बोला था	बोलेगा	बोलता होगा	बोला होगा
बोल रही थी	बोली	बोली थी	बोलेगी	बोलती होगी	बोली होगी
बोल रहा था	बोला	बोला था	बोलेगा	बोलता होगा	बोला होगा
बोल रही थी	बोली	बोली थी	बोलेगी	बोलती होगी	बोली होगी
बोल रहे थे	बोले	बोले थे	बोलेंगे	बोलते होंगे	बोले होंगे
बोल रही थीं	बोलीं	बोली थीं	बोलेंगी	बोलती होंगी	बोली होंगी
बोल रहे थे	बोले	बोले थे	बोलोगे	बोलते होगे	बोले होगे
बोल रही थीं	बोलीं	बोली थीं	बोलोगी	बोलती होगी	बोली होगी
बोल रहे थे	बोले	बोले थे	बोलेंगे	बोलते होंगे	बोले होंगे
बोल रही थीं	बोलीं	बोली थीं	बोलेंगी	बोलती होंगी	बोली होंगी

Tabelle IV: Die finiten Verbformen des Aktivs
(dritte Fortsetzung)
b) Intransitive Verben (3)

Konjunktiv					
Person		Konjunktiv I	Konjunktiv II	Konjunktiv III	durativer Konjunktiv
Verb **बोलना** „sprechen"		„ich spräche" usw.	„ich würde sprechen"	„ich würde gesprochen haben"	„ich spräche (augenblicklich)" usw.
1. sg. मैं	m.	बोलूँ	बोलता हों	बोला हों	बोल रहा हों
	f.	बोलूँ	बोलती हों	बोली हों	बोल रही हों
2. sg. तू	m.	बोले	बोलता हो	बोला हो	बोल रहा हो
	f.	बोले	बोलती हो	बोली हो	बोल रही हो
3. sg. वह, यह	m.	बोले	बोलता हो	बोला हो	बोल रहा हो
	f.	बोले	बोलती हो	बोली हो	बोल रही हो
1. pl. हम	m.	बोलें	बोलते हों	बोले हों	बोल रहे हों
	f.	बोलें	बोलती हों	बोली हों	बोल रही हों
2. pl. तुम	m.	बोलो	बोलते हो	बोले हो	बोल रहे हो
	f.	बोलो	बोलती हो	बोली हो	बोल रही हो
3. pl. वह, यह, वे, ये, आप	m.	बोलें	बोलते हों	बोले हों	बोल रहे हों
	f.	बोलें	बोलती हों	बोली हों	बोल रही हों

Tabelle IV: Die finiten Verbformen des Aktivs
(vierte Fortsetzung)
b) Intransitive Verben (4)

Konditional			
Konditional I	Konditional II	Konditional III	durativer Konditional
„wenn ich spräche" usw.	„wenn ich sprechen würde"	„wenn ich gesprochen hätte"	„wenn ich spräche (augenblicklich)"
बोलता	बोलता होता	बोला होता	बोल रहा होता
बोलती	बोलती होती	बोली होती	बोल रही होती
बोलता	बोलता होता	बोला होता	बोल रहा होता
बोलती	बोलती होती	बोली होती	बोल रही होती
बोलता	बोलता होता	बोला होता	बोल रहा होता
बोलती	बोलती होती	बोली होती	बोल रही होती
बोलते	बोलते होते	बोले होते	बोल रहे होते
बोलतीं	बोलती होतीं	बोली होतीं	बोल रही होतीं
बोलते	बोलते होते	बोले होते	बोल रहे होते
बोलतीं	बोलती होतीं	बोली होतीं	बोल रही होतीं
बोलते	बोलते होते	बोले होते	बोल रहे होते
बोलतीं	बोलती होतीं	बोली होतीं	बोल रही होतीं

Tabelle V: Die finiten Formen des Verbs होना „sein“

Indikativ								
Person		generelles Präsens		duratives Präsens	Perfekt	generelles Imperfekt	
		„ich bin“	„ich pflege zu sein“	„ich bin (augenblicklich)“	„ich bin gewesen“	„ich war“	„ich pflegte zu sein“
1. sg. मैं	m.	हूँ	होता हूँ	हो रहा हूँ	हुआ हूँ	था	होता था
	f.	हूँ	होती हूँ	हो रही हूँ	हुई हूँ	थी	होती थी
2. sg. तू	m.	है	होता है	हो रहा है	हुआ है	था	होता था
	f.	है	होती है	हो रही है	हुई है	थी	होती थी
3. sg. वह, यह	m.	है	होता है	हो रहा है	हुआ है	था	होता था
	f.	है	होती है	हो रही है	हुई है	थी	होती थी
1. pl. हम	m.	हैं	होते हैं	हो रहे हैं	हुए हैं	थे	होते थे
	f.	हैं	होती हैं	हो रही हैं	हुई हैं	थीं	होती थीं
2. pl. तुम	m.	हो	होते हो	हो रहे हो	हुए हो	थे	होते थे
	f.	हो	होती हो	हो रही हो	हुई हो	थीं	होती थीं
3. pl. वह, यह, वे, ये, आप	m.	हैं	होते हैं	हो रहे हैं	हुए हैं	थे	होते थे
	f.	हैं	होती हैं	हो रही हैं	हुई हैं	थीं	होती थीं

Tabelle V: Die finiten Formen des Verbs होना „sein"
(erste Fortsetzung)

Indikativ					
duratives Imperfekt	Präteritum	Plusquamperfekt	Futur I	Futur II	Futur III
„ich war (gerade)"	„ich war"	„ich war gewesen"	„ich werde sein"	„ich werde wohl sein"	„ich werde gewesen sein"
हो रहा था	हुआ	हुआ था	हूँगा	होता हूँगा	हुआ हूँगा
हो रही थी	हुई	हुई थी	हूँगी	होती हूँगी	हुई हूँगी
हो रहा था	हुआ	हुआ था	होगा	होता होगा	हुआ होगा
हो रही थी	हुई	हुई थी	होगी	होती होगी	हुई होगी
हो रहा था	हुआ	हुआ था	होगा	होता होगा	हुआ होगा
हो रही थी	हुई	हुई थी	होगी	होती होगी	हुई होगी
हो रहे थे	हुए	हुए थे	होंगे	होते होंगे	हुए होंगे
हो रही थीं	हुईं	हुई थीं	होंगी	होती होंगी	हुई होंगी
हो रहे थे	हुए	हुए थे	होगे	होते होगे	हुए होगे
हो रही थीं	हुईं	हुई थीं	होगी	होती होगी	हुई होगी
हो रहे थे	हुए	हुए थे	होंगे	होते होंगे	हुए होंगे
हो रही थीं	हुईं	हुई थीं	होंगी	होती होंगी	हुई होंगी

Tabelle V: Die finiten Formen des Verbs होना „sein"
(zweite Fortsetzung)

Person		Konjunktiv			
Person		Konjunktiv I	Konjunktiv II	Konjunktiv III	durativer Konjunktiv
		„ich sei" usw.	„ich würde sein"	„ich würde gewesen sein"	„ich sei (augenblicklich)" usw.
1. sg. मैं	m.	हों	होता हों	हुआ हों	हो रहा हों
	f.	हों	होती हों	हुई हों	हो रही हों
2. sg. तू	m.	हो	होता हो	हुआ हो	हो रहा हो
	f.	हो	होती हो	हुई हो	हो रही हो
3. sg. वह, यह	m.	हो	होता हो	हुआ हो	हो रहा हो
	f.	हो	होती हो	हुई हो	हो रही हो
1. pl. हम	m.	हों	होते हों	हुए हों	हो रहे हों
	f.	हों	होती हों	हुई हों	हो रही हों
2. pl. तुम	m.	हो	होते हो	हुए हो	हो रहे हो
	f.	हो	होती हो	हुई हो	हो रही हो
3. pl. वह, यह, वे, ये, आप	m.	हों	होते हों	हए हों	हो रहे हों
	f.	हों	होती हों	हुई हों	हो रही हों

Tabelle V: Die finiten Formen des Verbs होना „sein“
(dritte Fortsetzung)

Konditional			
Konditional I	Konditional II	Konditional III	durativer Konditional
„wenn ich sein würde“ usw.	„wenn ich sein würde“	„wenn ich gewesen sein würde“	„wenn ich sein würde (augenblicklich)“
होता	होता होता	हुआ होता	हो रहा होता
होती	होती होती	हुई होती	हो रही होती
होता	होता होता	हुआ होता	हो रहा होता
होती	होती होती	हुई होती	हो रही होती
होता	होता होता	हुआ होता	हो रहा होता
होती	होती होती	हुई होती	हो रही होती
होते	होते होते	हुए होते	हो रहे होते
होतीं	होती होतीं	हुई होतीं	हो रही होतीं
होते	होते होते	हुए होते	हो रहे होते
होतीं	होती होतीं	हुई होतीं	हो रही होतीं
होते	होते होते	हुए होते	हो रहे होते
होतीं	होती होतीं	हुई होतीं	हो रही होतीं

Tabelle VI: Die finiten Verbformen des Passivs

Indikativ						
Person		generelles Präsens	duratives Präsens	Perfekt	generelles Imperfekt
Verb **देखना** „sehen"		„ich werde gesehen"	„ich werde gesehen (augenblicklich)"	„ich bin gesehen worden"	„ich wurde gesehen"
1. sg. मैं	m.	देखा जाता हूँ	देखा जा रहा हूँ	देखा गया हूँ	देखा जाता था
	f.	देखी जाती हूँ	देखी जा रही हूँ	देखी गयी हूँ	देखी जाती थी
2. sg. तू	m.	देखा जाता है	देखा जा रहा है	देखा गया है	देखा जाता था
	f.	देखी जाती है	देखी जा रही है	देखी गयी है	देखी जाती थी
3. sg. वह, यह	m.	देखा जाता है	देखा जा रहा है	देखा गया है	देखा जाता था
	f.	देखी जाती है	देखी जा रही है	देखी गयी है	देखी जाती थी
1. pl. हम	m.	देखे जाते हैं	देखे जा रहे हैं	देखे गये हैं	देखे जाते थे
	f.	देखी जाती हैं	देखी जा रही हैं	देखी गयी हैं	देखी जाती थीं
2. pl. तुम	m.	देखे जाते हो	देखे जा रहे हो	देखे गये हो	देखे जाते थे
	f.	देखी जाती हो	देखी जा रही हो	देखी गयी हो	देखी जाती थीं
3. pl. वह, यह, वे, ये, ग्राप	m.	देखे जाते हैं	देखे जा रहे हैं	देखे गये हैं	देखे जाते थे
	f.	देखी जाती हैं	देखी जा रही हैं	देखी गयी हैं	देखी जाती थीं

Tabelle VI: Die finiten Verbformen des Passivs
(erste Fortsetzung)

Indikativ					
duratives Imperfekt	Präteritum	Plusquamperfekt	Futur I	Futur II	Futur III
„ich wurde (gerade) gesehen"	„ich wurde gesehen"	„ich war gesehen worden"	„ich werde gesehen werden"	„ich werde wohl gesehen werden"	„ich werde gesehen worden sein"
देखा जा रहा था	देखा गया	देखा गया था	देखा जाऊँगा	देखा जाता हूँगा	देखा गया हूँगा
देखी जा रही थी	देखी गयी	देखी गयी थी	देखी जाऊँगी	देखी जाती हूँगी	देखी गयी हूँगी
देखा जा रहा था	देखा गया	देखा गया था	देखा जाएगा	देखा जाता होगा	देखा गया होगा
देखी जा रही थी	देखी गयी	देखी गयी थी	देखी जाएगी	देखी जाती होगी	देखी गयी होगी
देखा जा रहा था	देखा गया	देखा गया था	देखा जाएगा	देखा जाता होगा	देखा गया होगा
देखी जा रही थी	देखी गयी	देखी गयी थी	देखी जाएगी	देखी जाती होगी	देखी गयी होगी
देखे जा रहे थे	देखे गये	देखे गये थे	देखे जाएँगे	देखे जाते होंगे	देखे गये होंगे
देखी जा रही थीं	देखी गयीं	देखी गयी थीं	देखी जाएँगी	देखी जाती होंगी	देखी गयी होंगी
देखे जा रहे थे	देखे गये	देखे गये थे	देखे जाओगे	देखे जाते होगे	देखे गये होगे
देखी जा रही थीं	देखी गयीं	देखी गयी थीं	देखी जाओगी	देखी जाती होगी	देखी गयी होगी
देखे जा रहे थे	देखे गये	देखे गये थे	देखे जाएँगे	देखे जाते होंगे	देखे गये होंगे
देखी जा रही थीं	देखी गयीं	देखी गयी थीं	देखी जाएँगी	देखी जाती होंगी	देखी गयी होंगी

Tabelle VI: Die finiten Verbformen des Passivs
(zweite Fortsetzung)

Konjunktiv					
Person		Konjunktiv I	Konjunktiv II	Konjunktiv III	durativer Konjunktiv
Verb **देखना** „sehen"		„ich würde gesehen werden"	„ich würde gesehen werden"	„ich würde gesehen worden sein"	„ich würde gesehen werden (augenblicklich)"
1. sg. मैं	m.	देखा जाऊँ	देखा जाता हों	देखा गया हों	देखा जा रहा हों
	f.	देखी जाऊँ	देखी जाती हों	देखी गयी हों	देखी जा रही हों
2. sg. तू	m.	देखा जाए	देखा जाता हो	देखा गया हो	देखा जा रहा हो
	f.	देखी जाए	देखी जाती हो	देखी गयी हो	देखी जा रही हो
3. sg. वह, यह	m.	देखा जाए	देखा जाता हो	देखा गया हो	देखा जा रहा हो
	f.	देखी जाए	देखी जाती हो	देखी गयी हो	देखी जा रही हो
1. pl. हम	m.	देखे जाएँ	देखे जाते हों	देखे गये हों	देखे जा रहे हों
	f.	देखी जाएँ	देखी जाती हों	देखी गयी हों	देखी जा रही हों
2. pl. तुम	m.	देखे जाग्रो	देखे जाते हो	देखे गये हो	देखे जा रहे हो
	f.	देखी जाग्रो	देखी जाती हो	देखी गयी हो	देखी जा रही हो
3. pl. वह, यह, वे, ये, ग्राप	m.	देखे जाएँ	देखे जाते हों	देखे गये हों	देखे जा रहे हों
	f.	देखी जाएँ	देखी जाती हों	देखी गयी हों	देखी जा रही हों

Tabelle VI: Die finiten Verbformen des Passivs
(dritte Fortsetzung)

Konditional			
Konditional I	Konditional II	Konditional III	durativer Konditional
„wenn ich gesehen werden würde“	„wenn ich gesehen werden würde“	„wenn ich gesehen worden wäre“	„wenn ich gesehen werden würde (augenblicklich)“
देखा जाता	देखा जाता होता	देखा गया होता	देखा जा रहा होता
देखी जाती	देखी जाती होती	देखी गयी होती	देखी जा रही होती
देखा जाता	देखा जाता होता	देखा गया होता	देखा जा रहा होता
देखी जाती	देखी जाती होती	देखी गयी होती	देखी जा रही होती
देखा जाता	देखा जाता होता	देखा गया होता	देखा जा रहा होता
देखी जाती	देखी जाती होती	देखी गयी होती	देखी जा रही होती
देखे जाते	देखे जाते होते	देखे गये होते	देखे जा रहे होते
देखी जातीं	देखी जाती होतीं	देखी गयी होतीं	देखी जा रही होतीं
देखे जाते	देखे जाते होते	देखे गये होते	देखे जा रहे होते
देखी जातीं	देखी जाती होतीं	देखी गयी होतीं	देखी जा रही होतीं
देखे जाते	देखे जाते होते	देखे गये होते	देखे जा रहे होते
देखी जातीं	देखी जाती होतीं	देखी गयी होतीं	देखी जा रही होतीं

Wörterbuch Deutsch-Hindi
Von Margot Gatzlaff-Hälsig.
5. Auflage. 2000. 646 Seiten. 3-87548-247-6. Gebunden.

Die rund 25.000 deutschen Stichwörter und Wendungen umfassen den Wortschatz der Alltagssprache sowie Termini aus dem gesellschaftlich-politischen Leben, den Geistes- und Naturwissenschaften, der Technik, der Wirtschaft und dem Sport. Darüber hinaus sind die wichtigsten geographischen Namen aufgeführt. Alle Hindi-Äquivalente sind mit grammatischen Angaben versehen, die für eine richtige Satzbildung im Hindi unerläßlich sind. Grammatische Angaben zum deutschen Stichwort, wie die Kennzeichnung der Tonsilbe, Aussprachehilfen, Deklinations- und Konjugationshinweise sowie die in Tabellen nochmals gesondert dargestellten Zahlwörter, werden dem hindisprachigen Benutzer eine wertvolle Hilfe beim Erlernen der deutschen Sprache sein.

Handwörterbuch Hindi-Deutsch
Herausgegeben von Margot Gatzlaff-Hälsig
unter Mitarbeit von Lutz Baganz, Barbara Börner-Westphal,
Hannelore Bauhaus-Lötzke und Christina Oesterheld.
2002. XXVIII, 1.448 Seiten. 3-87548-177-1. Gebunden.

Mit rund 50.000 Stichwörtern, zahlreichen Beispielen, Redewendungen und Sprichwörtern erfaßt dieses vollständig neu erarbeitete Handwörterbuch den Wortschatz des Standard- oder Hochhindi, geläufige Ausdrücke der Umgangssprache sowie lokale Varianten und Fachtermini, so etwa aus den Bereichen Politik und Religion, aus dem Kommunikations- und Bildungswesen und den Naturwissenschaften. Zahlwörter, Wochen- bzw. Monatsnamen, die indische Zeitrechnung, Geldeinheiten, Längen- und Gewichtsmaße sind im Anhang zusammengefaßt. Das Wörterbuch berücksichtigt die Anforderungen von deutsch- wie hindisprachigen Benutzern. Alle Hindi-Stichwörter und ihre deutschen Entsprechungen sind mit grammatischen Angaben versehen, besondere Beachtung finden abweichende Satzkonstruktionen und die Rektion der Verben. Jedem in Devanagari-Schrift gegebenen Stichwort folgt eine Transliteration in lateinischen Buchstaben.

Einführung in die indischen Schriften
Teil 1: Devanagari
Von Elvira Friedrich.
1999. X, 101 Seiten und 1 Falttafel.
3-87548-176-3. Kartoniert.

Zielgruppe: Interessierte ohne Vorkenntnisse, Studenten der Indologie, Reisende. *Lernziele:* Beherrschung der Devanagari-Alphabete in Schrift und Aussprache sowie Grundkenntnisse über die Schriftgeschichte. *Konzeption:* Nach einem Überblick über die Entwicklung der indischen Schriften folgt mit genauen Schreibanleitungen die ausführliche didaktische Vermittlung der Schreibweise und Aussprache der Devanagari. Mit dieser Schrift werden das altindische Sanskrit und die Sprachen Hindi, Marathi und Nepali geschrieben. Anhand zahlreicher Schrift- / Lesebeispiele aus den Sprachen kann der Lernende sein Wissen anwenden und überprüfen. Für eine weitere Beschäftigung gibt das Literaturverzeichnis wichtige Hinweise.

Einführung in die indischen Schriften
Teil 2: Gujarati, Gurmukhi, Bengali, Oria
Von Elvira Friedrich.
2002. XII, 208 Seiten und 4 Falttafeln.
3-87548-219-0. Kartoniert.

Mit den Schriften Gujarati und Oria werden die gleichnamigen Sprachen geschrieben, mit Bengali die Sprachen Bengali und Assamesisch und mit Gurmukhi das Panjabi. *Zielgruppe:* Interessierte ohne Vorkenntnisse, Studenten der Indologie, Reisende. *Lernziele:* Beherrschung der Alphabete in Schrift und Aussprache sowie Grundkenntnisse über die Schriftgeschichte. *Konzeption:* Die Einführung bietet eine ausführliche didaktische Vermittlung der Schreibweise und Aussprache der vier nordindischen Schriften. Die Kapitel sind gegliedert in: Darstellung des Inventars – Schreibanleitung und Aussprachehinweise mit Wortbeispielen – Übersicht der Schriftzeichen mit Hilfslinien – Schriftbeispiele aus dem Alltag. Zahlreiche Schrift- und Lesebeispiele runden diesen Band zusammen mit einem Literaturverzeichnis sowie vier Falttafeln ab.

BESUCHEN SIE UNS
AUCH IM NETZ UNTER
WWW.BUSKE.DE

HELMUT BUSKE VERLAG
RICHARDSTR. 47
22081 HAMBURG